BEPS《ベップス》

動き出した国際税務基準

望月一央 著

中央経済社

はじめに

最近、新聞やネットニュースの経済関連の話題の中で「ＢＥＰＳ」という文字を頻繁に目にするようになりました。

国際的な税の世界、あるいは国際税務に限れば、過去5年間で、間違いなく、ナンバーワントピックであり、向こう5年でもその座は揺るぎないでしょう。

その「ＢＥＰＳ」について、多方面から、さまざまな光を当てて、いくらかでも全体像が読者の皆さんに伝わるよう筆を起こしました。

「ＢＥＰＳ」は、国際税務の世界において語られる

"Base Erosion and Profit Shifting"

の略称で、一般的に「ベップス」と発音され、日本語で「税源浸食と利益移転」と訳されています。これだけ聞くと、ちょっと、抱かれているイメージと異なる印象を持たれる方が多いのではないでしょうか。

BEPS

なぜなら、「ＢＥＰＳ」あるいは「ベップス」と表現された場合に、「ＢＥＰＳ問題」「ＢＥＰＳ対応」「ＢＥＰＳプロジェクト」「ＢＥＰＳ行動計画」など、使用される場面や段階に応じて、さまざまな意味を持った「ＢＥＰＳ」や「ベップス」に変化して使われているからです。

ときには、これからの**国際税務の枠組みを決めるルール**とまでいわれることもあります。いわゆる広義の「ＢＥＰＳ」という理解でしょう。

つまり、「ＢＥＰＳ」には、「税源浸食と利益移転」という日本語訳はありますが、その日本語訳だけで用が済むことはほぼ皆無で、何かがプラスされて、ようやく、「ＢＥＰＳ《ベップス》」として理解され、使われ、機能しているということでしょう。

さあ、「ＢＥＰＳ」とは何なのか――このことを可能な限り明らかにすることが、本書の使命だと考えています。光を当てきれないところは、筆者の経験と人脈から得られた情報で可能な限り、フォローしました。

現在進行形の「ＢＥＰＳ」を書くということは、皆さんにお届けするときに、すでに古くなっているということですが、それでも筆を執ったのは、少しでも多くの方に「ＢＥＰＳ」に注目してもらい、「ＢＥＰＳ」について語ってもらいた

動き出した国際税務基準

かったからです。

なぜなら、いままで、「税」は国内の問題として語られ、ルールは国内のみで機能してきました。その「税」の世界に、初めての国際ルールが誕生しようとしているのです。このエポックメーキングな事象を「税」に携わる方だったら、ぜひとも語ってもらいたいと思ったのです。

本年6月7日、パリの式典で「ＢＥＰＳ防止措置実施条約」に76か国・地域が署名、または署名の意思を表明しました。いよいよ「国際税務基準＝ＢＥＰＳ」が動き出しました。

"Bon voyage"

平成29年7月

著　者

BEPS

① BEPSってなんだ？

KEY WORD

ダブルアイリッシュ・ダッチサンドウィッチ

租税条約

二重非課税

広義の移転価格税制

国境税

OECD

G20

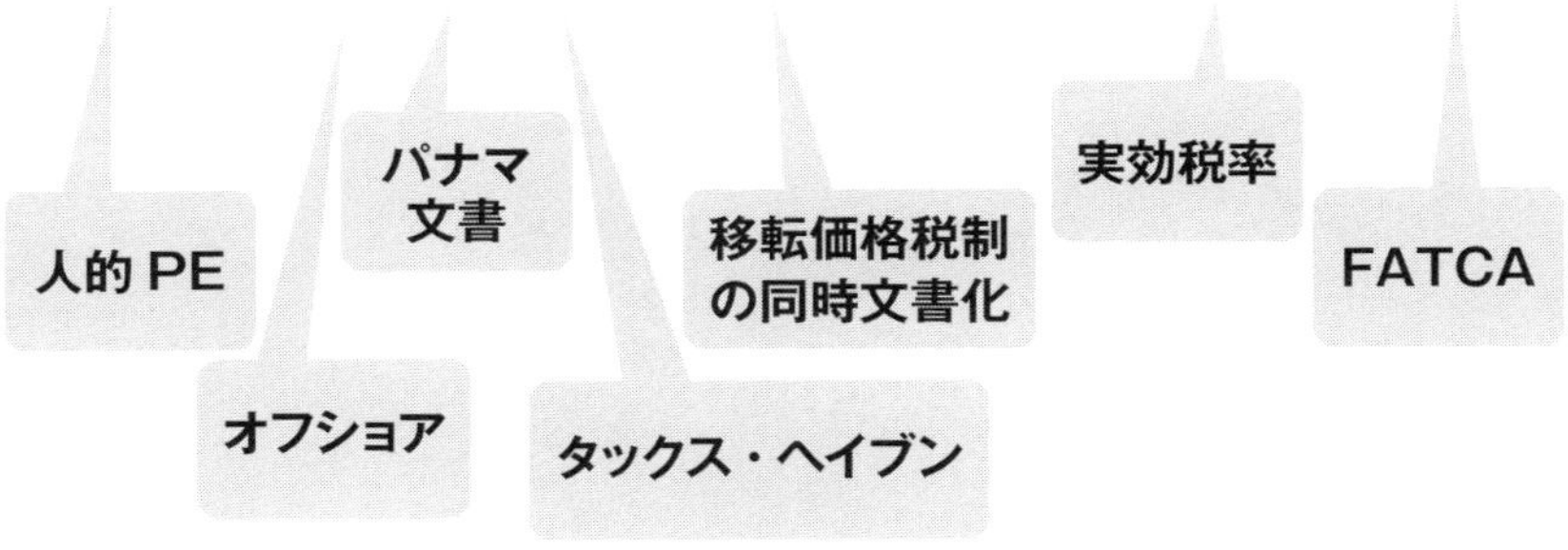

FATCA
実効税率
移転価格税制の同時文書化
タックス・ヘイブン
パナマ文書
オフショア
人的PE

②「BEPS」の具体的な像 117

1

BEPSってなんだ？

とにかく、さまざまな角度から光を当てて、
「BEPS」像を映し出してみました
どの程度の出来映えかは、
興行収入を見ての
お楽しみですか？

なぜ、いまBEPSなのか？

▼国際税務の歪み

これまでの国際税務とは、二国間で租税条約を締結して双方の課税権を調整・制限することにより、グローバル経済の発展を阻害する国際的二重課税を排除することをその主要な使命として発展してきました。

ちょっと、不思議な感じですね。国際税務といっても、多くの国の間で決められたものではなく、二国間で決められた租税条約が、長い間、国際税務の主役でした。そこへ関連企業間取引税制（移転価格税制）が満を持して登場し、30年もの間、名脇役を演じてきたのです。

しかし、近年、一層の企業の巨大化や高度の多国籍化、さらに、インターネットの普及によるバーチャルエコノミー化やボーダレス化の急速な進展により、多くの企業が、従来の租税条約の枠組みを利用した国際的な課税負担を低減するスキームを開発し、利用するようになりました。

これにより、特定の国の課税権として捉えられてきたものが著しく侵害されるようになりました。

とりわけ、近年、多国籍企業からの税収が減少傾向にあることが指摘されてきています。

例えば、英国においては、リーマンショック後の財政悪化や所得格差が拡大する中で、一部の欧米多国籍企業がしかるべき国で適切な納税をしていないことが議会において問題視されました。

英国議会決算委員会公聴会にて

2012年11月、英国議会決算委員会は、米国のスターバックス、アマゾン、グーグルの幹部を召喚して公聴会を開催しました。

この中で、これらの企業幹部は、複雑な会計手法を使うことにより英国での税負担軽減を図っているものとして、議員らから批判を浴び、この模様はメディアを通じて、広く世間に知らしめられるものとなりました。

報道では、スターバックスは2011年までの過去14年の間に英国での310億ポンドの売上に対して860万ポンドの税金しか支払っていなかったことや、2011年グーグルは世界全体では、その利益123億ドルについて26億ドルの税金を計上している中で、英国における25億ポンドの利益に対しては340万ポンドの税金しか払っていなかったこと等が明らかにされました。

また、この中でも、とりわけ、マーガレット・ホッジ委員長（当時）による〝We are not accusing you of being illegal, we are accusing you of being immoral.〟（われわれはあなた方に対して、違法な行為を行っているものとして責めているではなく、あなた方の非道徳的行動について責めているのです。）という発言は、ＢＥＰＳ問題を的確に表現したものとして多くの注目を浴びました。

これらの背景には、当時、英国が財政赤字の縮小に向け第二次世界大戦以降最大の歳出削減を実施している中で、国際的大企業が英国での税負担を最小限に抑えようとしていたことがあり、これを受け、オズボーン英財務相（当時）は、ただちに税金逃れを減らすための早急な国際ルールの明確化が必要であることを強く主張したとされています。

また、時を同じくしてフランス等の国においても同様の問題が指摘され、これらの流れがＢＥＰＳ対応にかかわる各国首脳の考え方を一致させることに大きな影響を与えるものとなりました。

この英国議会決算委員会公聴会で糾弾された事象を見れば、これらの行為は、まさに“Base Erosion and Profit Shifting”であって、文字通り「税源浸食と利益移転」といえるでしょう。

ここでグーグルなどが国際的な課税負担を低減するために採用していたダブルアイリッシュ・ダッチサンドウィッチと呼ばれるスキームは、各地で得た利益をアイルランド、オランダ、英国領バミューダに送金することにより、税率の高い英国における課税所得を極めて効率的に低減するという複雑なものでした。

それでは、ここで、ＢＥＰＳを生み出すこととなる象徴的なスキームのダブルアイリッシュ・ダッチサンドウィッチを紹介しましょう。

▼ダブルアイリッシュ・ダッチサンドウィッチ

グーグルやアップルなどの米国大手ＩＴ企業により採用されている租税回避スキームです。「ダブルアイリッシュ」というスキームに「ダッチサンドウィッチ」というスキームを組み合わせ、さらに、タックス・ヘイブンである英国領バミューダの要素を組み込むことにより、米国から見た税金を限りなく低い水準に抑えることができます。

始まりは、米国法人の税負担を低減したいという発想からです。

☑コストシェアリング

まず、米国国内における収入と米国国外における収入を分割するところから始めます。

ここでは、コストシェアリングという手法が使用され、一般に、コスト・コントリビューション・アレンジメントと呼ばれる共同開発契約を締結することにより、米国国外の法人は無形資産の研究開発について一定割合の資金を負担する代わりに、自らが当該無形資産の所有権を有することが可能となります。

すなわち、自らが開発した無形資産から発生する収益の一部を米国国外に設立した子会社に帰属させることができます。

ダブルアイリッシュ・ダッチサンドウィッチのスキーム

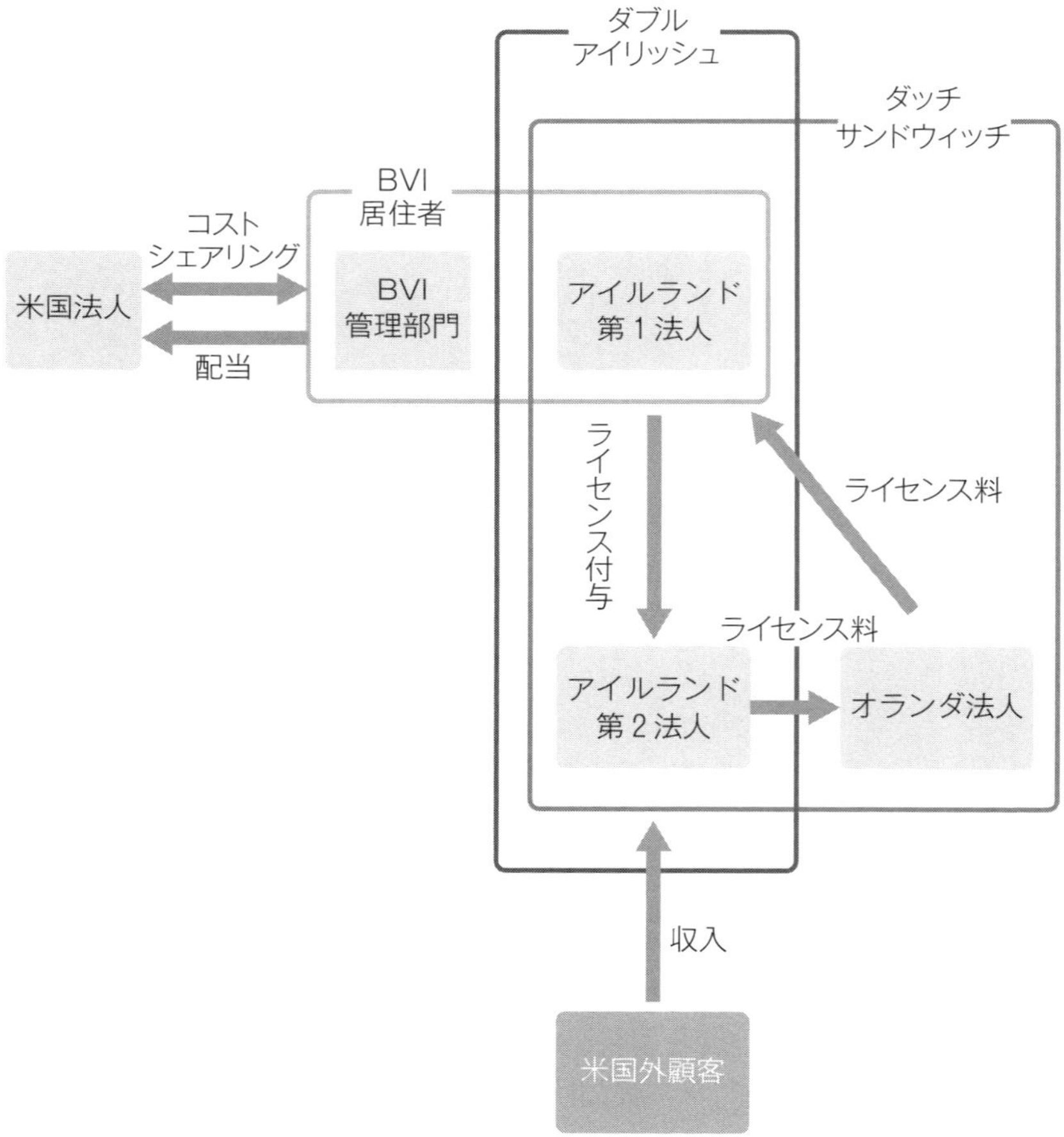

これにより、配当をしない限り、米国における課税を受けないことができる可能性を確保することができます。

しかし、米国にはサブパートF収入という、日本でいうところのタックス・ヘイブン対策税制（海外子会社の収入（ここでは留保金ではない点に注意）についても国内親会社の収入とみなして課税を行う制度）と似た制度があり、たとえ収益の帰属を海外子会社に分割して帰属させたとしても、それだけでは米国の課税から逃れることはできません。

☑ダブルアイリッシュ　その1（米国における課税の回避）

そこで、ダブルアイリッシュという手法が採用されることになります。

ここでは、米国税法におけるいわゆるチェック・ザ・ボックス・ルールという制度が機能することになります。

すなわち、米国国外の子会社の一定の収入については、あたかも米国親会社の収入であるかのように米国において合算して課税がなされるものの、米国税務上のコーポレーションと分類される米国国外子会社（図の第1法人）が設立する完全子会社（図の第2法人）について、チェック・ザ・ボックス・ルールの適用を受けることによりdisregarded entity（税務上の主体とみなされない法人）としての分類を受けた場合には、当該法人から第1法人への支払いについては、第1法人における米国合算課税の対象となる上述のサブパートF収入に含まれないものとなります。

これにより、米国親会社への配当を行わない限り、米国における課税から解放されます。さらに、アイルランドの税率は12・5％で、米国の法定税率である35％と比較すれば、約3分の1です。

しかし、これで満足せずに、際限を知らない税負担低減への意志は、さらなる税負担低減を目指すことになります。

☑ダブルアイリッシュ　その2（米国国外における課税の回避）

ここでは、いわゆるタックス・ヘイブンの機能が活用されることになります。

アイルランドでは、最近まで法人の税務上の居住国はその設立の場所ではなく、管理支配機能のある場所とされていたことから、第1法人の管理支配機能を英国領バミューダ（British Virgin Islands：BVI）に置くことにより、アイルランドの税務上はＢＶＩ居住者とされることになり、アイルランドでの課税は受けないことになります。

さらに、ＢＶＩはタックス・ヘイブンとして、ＢＶＩ以外で発生した所得について課税が行われないことから、結果的に第1法人の利益については、税負担を回避することが可能となります。

しかし、第1法人がＢＶＩ居住法人とみなされた場合には、アイルランド居住法人である第2法人から、ＢＶＩ居住法人である第1法人に対して、ライセンス料を支払うに際して源泉徴収課税が発生することになってしまいます。

☑ダッチサンドウィッチ

ここで、登場するのが、ダッチサンドウィッチという手法です。

ここでは、アイルランドにおいてはEU域内に対するライセンス料の支払いについて源泉徴収が免除されていること、また、オランダにおいては国内税制上ライセンス料の支払いに対する源泉徴収がないことから、ダブルアイリッシュ間（第2法人から第1法人に対する）の支払いについては、オランダ法人を挟むこと（ダッチサンドウィッチ）により、直接支払った場合に課税されることとなる源泉徴収税を回避することが可能となります。

☑ダブルアイリッシュ・ダッチサンドウィッチの完成

以上により、ダブルアイリッシュ・ダッチサンドウィッチという組み合わせが完成することになります。また、実際には、米国国外からの収入について、アイルランド第2法人の口座を介在させることなく、オランダ法人の口座に入金し、その後、BVIにある第1法人口座に直接振り替えるといった形を採用することにより、どの法域から見てもオフショア所得とみなされやすいようにするなど、さまざまな実務面での工夫が同時に採用されているものといえます。

☑税制の改正動向

2015年以降にアイルランドにおいて設立された法人については、税務上もアイルランド居住者とされるようになり、また、それ以前にアイルランドにおいて設立された法人についても2020年以降はすべてアイルランド居住者とされるものとなっています。

したがって、２０１５年以前にこのスキームを採用している企業については、２０２０年までは同様の効果を享受できますが、２０２０年以降は上記の③の部分（アイルランドにおける免税）の適用がなくなり、12・5％の課税が行われることになります。

しかしながら、一方で、アイルランド政府は２０１６年税制改正において、新たにKnowledge Development Box（KDB）という制度を導入し、一定の研究開発機構として認定を受けたアイルランド法人については6・25％の税率適用を受けるものとされており、これにより、ＢＶＩ等のタックス・ヘイブンの要素を組み入れないものとしても、比較的低率の税負担の享受が可能となる税制スキームの提供がなされています。

▼新たな国際的課税回避スキームへの対応

現在、このようなスキームが多くの多国籍企業により採用されていますが、これらの採用自体は現時点における国際税務の観点からは、合法的なものと考えられています。

しかしながら、これらのスキームは、国内で活発な経済活動を行う多国籍企業に対して、自国の課税権を行使できないという事象を生み、このことは自国の経済発展が国家税収には反映されないという各国財政に極めて大きな不安定要素をもたらすものです。

まさに国家としての死活問題にもなりかねないものとして、問題視されています。これらのスキームの温床となっている現在の国際課税の枠組みは転換の必要性が強く叫ばれています。

さらに、多数の国を跨ぐスキームに対応するためには二国間の条約だけでは不十分であり、より多くの国が同時に採用できるような制度が必要とされることになりました。

これらの多国籍間における同時採用という観点から、従来より国際課税について積極的な関与を行ってきた国際的機関であるOECDからの提言という形をとりつつ、より強い拘束力を持つ各国政府部門の合議体であるG20首脳宣言を通して、各国が協力して全面的支持を与えるという対応がとられました。

ここで、何としても早急に解決しなければならないという各国の利益が一致するものとなりました。

このように、これまでの二国間の租税条約や移転価格税制を基礎とした国際税務の枠組みでは対応しきれなくなった「新たな国際的課税回避スキーム」への対応を目的として「BEPSへの対応」が制度的に進められることになりました。

つまり、BEPSとは、ヨーロッパを中心に100年以上続いてきた二国間の租税条約をその基礎とする国際税務の枠組みについて転換をもたらすものといえ、今後の国際税務における新しい流れの基礎をなすものといえます。

皆さんはＧ20共同声明やＯＥＣＤ報告書と聞くと、各国が国際協力を目指した倫理的かつ抽象的な議論を行っているものと想像されるかもしれませんが、多くの深刻な問題が渦巻く中で各国首脳がＢＥＰＳを最重要課題として位置づけるには、それ相応の現実的背景が存在します。

したがって、ＢＥＰＳの議論とは、本来的には各国の課税権確保の議論であり、自国利益の観点から激しい国際的議論が展開された結果といえるのです。

BEPSって……？　内包する意味は……？

▼用語の使い方の整理

冒頭で触れたとおり、「BEPS」とは、Base Erosion and Profit Shiftingの略称であり、日本語で「税源浸食と利益移転」と訳しますが、ときに意図的または無意識的にさまざまな意味を内包させて使用しています。

この背景には、それぞれの場面ごとにBEPSという用語の意味を定義して使用することがかえって混乱を与える可能性があったり、また、BEPSという概念の持つ多様性について偏った理解を与えると感じたりすることがあるからでしょう。

しかし、本書では、いたずらな混乱を避けるために、それぞれの場面において「BEPS」という用語が意味する内容について、一定の整理をしておきたいと思います。

「BEPS」という用語の意味については、BEPSを行為（事象）面から捉えた場合には、BEPSの背景、BEPS行為、BEPS問題といった内容を意味することとなり、一方で、BEPSへの対応（アプローチ）の観点から捉えた場合には、BEPS対応の目的、BEPS対応の枠組み、BEPS対応の流れといった内容を意味することになります。

また、それぞれの意味については、次のようなものとなります。

BEPSを行為（事象）面から捉えた場合

☑BEPSの背景

「ＢＥＰＳ」という用語が直接ＢＥＰＳの背景を意味することは少ないといえますが、これ以外のさまざまなＢＥＰＳの意味の背景に必ず存在している内容といえます。

ここで、ＢＥＰＳの背景とは、近年の一層の企業の巨大化や多国籍化、さらにはインターネットの普及によるバーチャルエコノミーやボーダレス取引の進展等とが相まって、企業による調達・生産・販売・管理等の拠点の国際的展開が促進し、グローバルなビジネスモデルにおいて急速な構造変化が進む中で、これまでの各国の税制や国際課税ルールが構造変化に追いつけておらず、多国籍企業の活動実態と課税ルールとの間にズレが生じてきているという状況です。

ここでいう、これまでの国際課税ルールとは、ヨーロッパを中心に、二国間の租税条約を基礎として、１００年以上にわたり発展してきた枠組みであり、国際取引の進展に資するために国際的二重課税を排除することを主要な目的としてきたものです。

☑BEPS行為

「ＢＥＰＳ」という用語を文字通り解釈する場合には、このＢＥＰＳ行為を意味するものといえます。

ここで、ＢＥＰＳ行為とは、多国籍企業が、これまでの二国間租税条約やいわゆる移転価格税制において生じている国際的な税制の隙間や抜け穴を利用することにより、従来、特定の国の課税権として捉えられてきた機能を回避し、税負担を軽減する行為（状況）を意味します。

☑BEPS問題

「ＢＥＰＳ」という用語を事象として使用する場合には、その多くがこのＢＥＰＳ問題を意味しています。

ここで、ＢＥＰＳ問題とは、前述のＢＥＰＳ行為の拡大に伴い、これまでの課税システムが機能しなくなることを意味します。

すなわち、これまで特定の国の課税権として捉えられてきたものが急速に機能しなくなることであり、そうなると、従来のように自国の経済発展と国家税収の増加とが直接には結びつかないという事態が生じてしまいます。ここでは、多国籍企業による課税地の選択といった恣意的判断によって、国家財政に大きな影響が出ることとなり、国家としての死活問題にもなりかねません。

さらに、一部の国際企業のみが税負担を回避することは、課税の根本原則である公平性が大きく損なわれることを意味し、適正な競争が阻害されるだけでなく、社会における課税システムへの信頼性が大きく揺らぐことになりかねません。

BEPSを対応（アプローチ）面から捉えた場合

☑BEPS対応

「ＢＥＰＳ」という用語が前述のようなＢＥＰＳ問題への対応を広く意味するものとして使用される場合があります。さらに、より個別的に次のような内容を指すこともあります。

☑BEPS対応の目的

「ＢＥＰＳ」という用語がＢＥＰＳ対応の目的を直接意味することは少ないといえますが、ＢＥＰＳ対応を意味する場合には、その背景に必ず存在しています。

ここで、ＢＥＰＳ対応の目的とは、多国籍企業の活動実態と課税ルールとの間に生じているずれを有効に排除することといえます。後述するＢＥＰＳの流れによって、今後も変化していくことが予想されますが、現段階では、主に、二重非課税の防止、価値創造の場に基づく課税権の配分を意味しているといえるでしょう。

☑BEPS対応仕組み作り

「ＢＥＰＳ」という用語が使われる際に、多くはこのＢＥＰＳ対応仕組み作りを意味しているといえるでしょう。

ＢＥＰＳ対応仕組み作りとは、Ｇ20やＯＥＣＤ等の国際的組織がイニシアティブを取って、各国政府により新たな国際税務の枠組みを形成させる取り組みを意味します。

ここでは、従来から国際課税についての提言を行ってきたＯＥＣＤによる報告書という形式をとりつつ、各国政府部門の合議体であるＧ20における首脳宣言という形でその制度化が進められているものとなっています。

次のＢＥＰＳプロジェクトとＢＥＰＳ包括的フレームワークがその基礎をなしています。

☑ BEPSプロジェクト

「ＢＥＰＳ」という用語がこのＢＥＰＳプロジェクトまたはその成果物であるＢＥＰＳ行動計画を意味するものとして使用されることも比較的多いものといえます。

ＢＥＰＳプロジェクトとは、２０１３年９月に開催されたＧ20サミットにおいて支持された、ＢＥＰＳ行動計画を策定するためのＯＥＣＤを中心とした多国間共同プロジェクトです。ＯＥＣＤ非加盟のＧ20メンバー８か国はＯＥＣＤ加盟国と対等な立場で参加し、これにＯＥＣＤ加盟国とＯＥＣＤ加盟申請国を含めた46か国（２０１６年６月現在）により構成されています。

☑ BEPS行動計画

ＢＥＰＳプロジェクトにおいて、ＢＥＰＳ問題への対応のために、それぞれの関連性に基づき区分された15のトピックについてまとめられた報告書をいいます。

☑BEPS包括的フレームワーク

ＢＥＰＳプロジェクトまたはＢＥＰＳ行動計画に代わり、今後、「ＢＥＰＳ」という用語の意味として使用されることが多くなっていくと予想されています。

ＢＥＰＳ包括的フレームワークとは、２０１６年以降、ＢＥＰＳ対応が、従来の行動計画策定段階から、実施段階に移行しており、これによりＢＥＰＳプロジェクトは発展的に解消し、ＢＥＰＳ包括的フレームワーク（Inclusive Framework on BEPS）と呼ばれる組織体に移行しています。

このフレームワークは、それまでのＢＥＰＳプロジェクト参加国の枠組みをさらに拡大することを目的としており、ＢＥＰＳの策定および導入に関心を有する国家および地域に対して広く参加が呼びかけられ、２０１７年2月時点では94の国および地域が参加しています。

☑BEPS対応の流れ

「ＢＥＰＳ」という用語が最も抽象的に使用される場面であり、ＢＥＰＳ対応を具体的な行動ではなく、包括的な流れとして捉えたものです。

ＢＥＰＳ対応の流れとは、これまでの国際税務の枠組みに代わる新たな枠組みを形成する流れといえます。本質的に、各国の課税権確保にかかわる新たな枠組み作りを意味しており、自国利益の観点から激しい国際的議論が展開されることが予想されています。

税一般のルール、そして国際ルールとは？

税金や税といわれるものの基本的な考え方

☑税金の本質

「税金とは、年金・医療などの社会保障・福祉や、水道、道路などの社会資本整備、教育、警察、防衛といった公的サービスを運営するための費用を賄うものです。みんなが互いに支え合い、共によりよい社会を作っていくため、この費用を広く公平に分かち合うことが必要です」

このようなことが、財務省のホームページの税制のページに記されています。

まさに、税金は公共サービスが保たれた社会の「会費」であるということですね。

☑租税法律主義

歴史的にみると、このような社会的費用は、古の時代から領主が、領民または領地よりその労働力またはそこからの産物で徴収する形態から、国民主権である近代国家においては国家が国民から徴収するものへと変化してきました。

この段階に至って、税の徴収権（課税権）は国家主権の内従的属性と位置づけられ、他国の支配に服さない統治権力である租税高権と呼ばれるようになりました。

税法の適用範囲

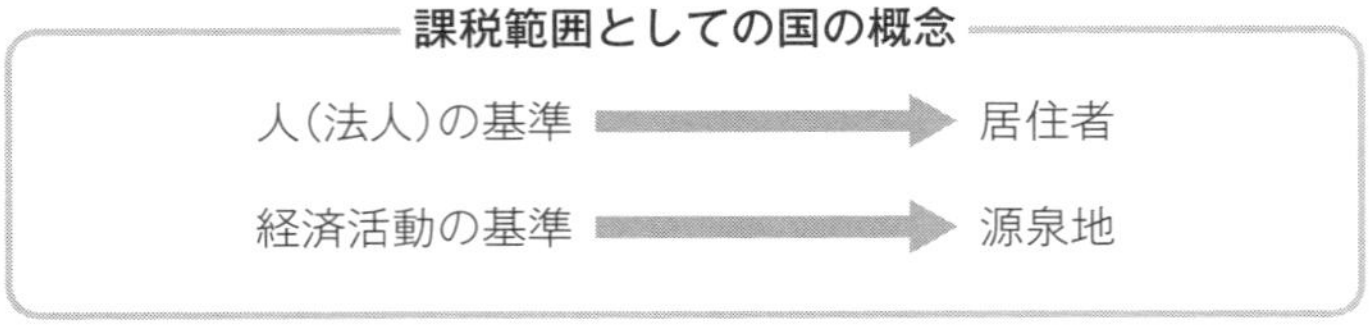

また、このような強力な国家の権利は、経済的人権との兼ね合いからも、その範囲を明確にし、濫用を制限する必要があることから、一般にそれぞれの国の憲法において国民の納税義務として規定されるとともに、国民の総意が反映される立法過程を通じて法律により定められなければならないものとされました。これを租税法律主義と呼びます。

☑税法の適用範囲

このように、税金は法律に定められてはじめて徴収されるものであることから、税金が適用される範囲は、それぞれの国の法律（国内税法）が適用される範囲、すなわち当該国の領域内に限られることになります。

したがって、国外（外国だけでなく、どの国にも属さない公海等を含めて）においては、その国の税金の徴収は行われないことになります。

また、これは同時に、他国における税金納付の有無は、基本的に、当該国における納税義務に何ら影響を与えるものでないことを意味します。

ここでの国の範囲の概念には、一般に人を基準とするものと経済的活動を基準とするものがあり、また、人には、自然人以外にも法令上の人である法人も含まれることになります。

☑居住者の概念と源泉地の概念

税法上、人の基準とは居住者の概念として扱われるものであり、経済的活動の基準は源泉地の概念として扱われるものです。

居住者の概念と源泉地の概念は、ある意味では裏腹の関係にあるといえます。

例えば、日本の居住者（人の基準における領域内）が外国を源泉地（経済的活動の基準における領域外）とする所得を得ている場合は、日本においては居住者の概念に基づき課税されます。同時に、外国では非居住者なので、居住者の概念では課税されないものの、源泉地の概念で課税されることになります。

▼国際税務の基本的な考え方

☑国際的経済活動進展の阻害

このように、税金はそれぞれの国が独自の法律によりその国の領域内で徴収するものです。その領域内の概念には、人を基準とする居住者の概念と、経済的活動を基準とする源泉地の概念があります。

このことは、その国の居住者がその国以外を源泉地とする収益を得ている場合、または、その国の居住者以外の非居住者がその国を源泉地国とする収益を得ている場合には、複数国において課税がなされる国際的二重課税という状況が発生することを意味しています。

国際的二重課税が生じるイメージ

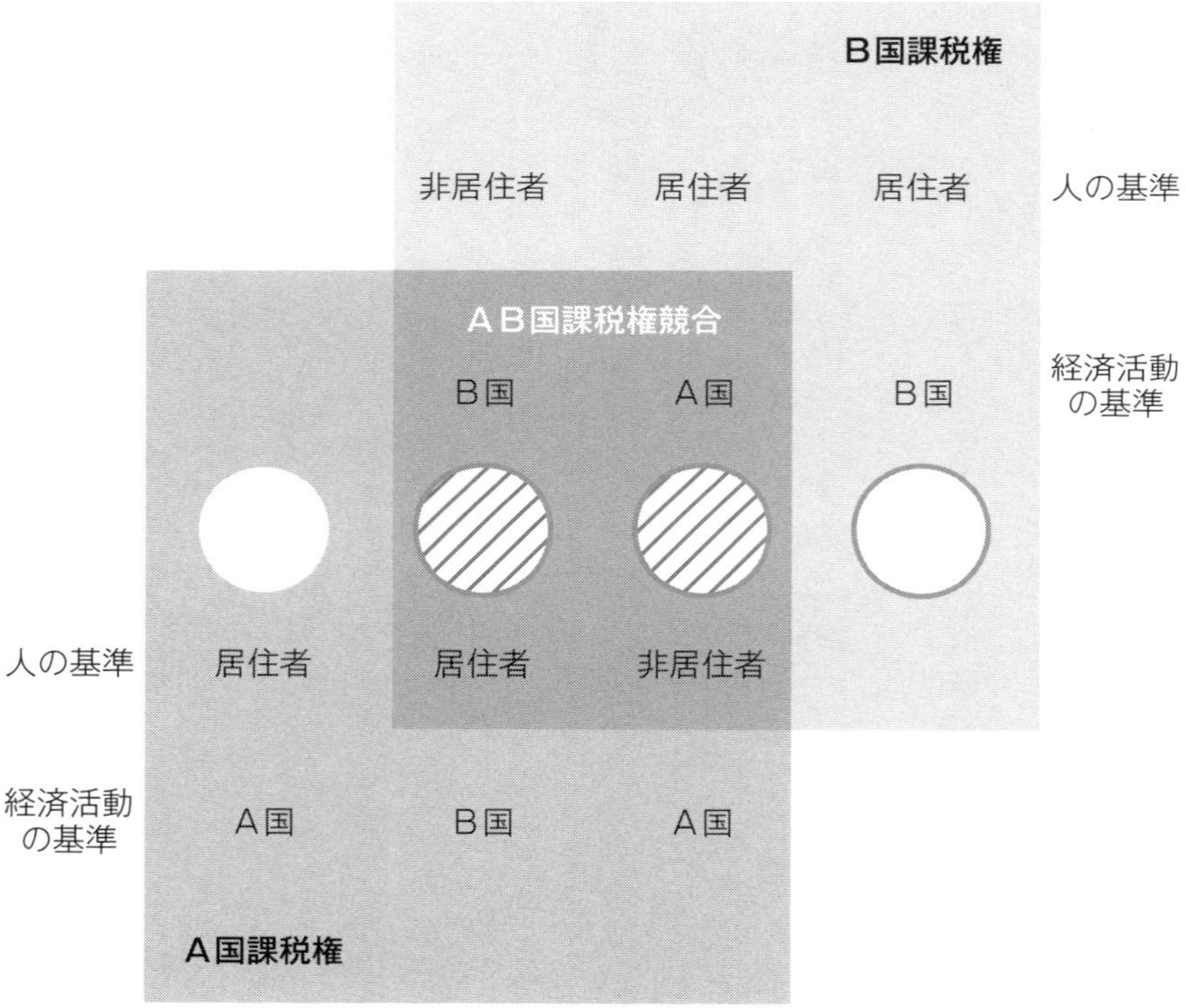

このような国際的二重課税が発生することになると、企業は税負担の重い国際取引を敬遠することとなり、社会全体として国際的経済活動の進展が阻害され、ひいては自国の経済活動自体にも悪影響を及ぼすことになりかねません。

☑国際的二重課税の排除

このような事態が起こることを避けるため、国際社会全体においては国際的二重課税の排除を行う必要があります。

そして、このような必要性を満たすために、国際税務の概念が登場することになったのです。

ここで、国際的二重課税の排除には、一般に控除法と免除法があります。

控除法とは、前述の居住者を一義的な概念とすることにより、その源泉地いかんにかかわらず原則としてすべての経済的活動についてはまず自国での課税を行うものとし、その上で、他国を源泉地として発生した外国税額については自国の税額から控除することにより国際的二重課税を排除する方法をいいます。

次に、免除法とは、源泉地を一義的概念として使用し、自国内において稼得する所得についてのみ課税を行うものとして、他国を源泉地とする所得については課税を免除することにより、国際的二重課税排除を達成する方法をいいます。ここでは、そもそも二重課税が発生しないことから、その後の控除も必要とされないことになります。なお、免除法を採用している国または地域は世界的に見ても香港等数か国の地域に限られています。

国際的二重課税の結果イメージ

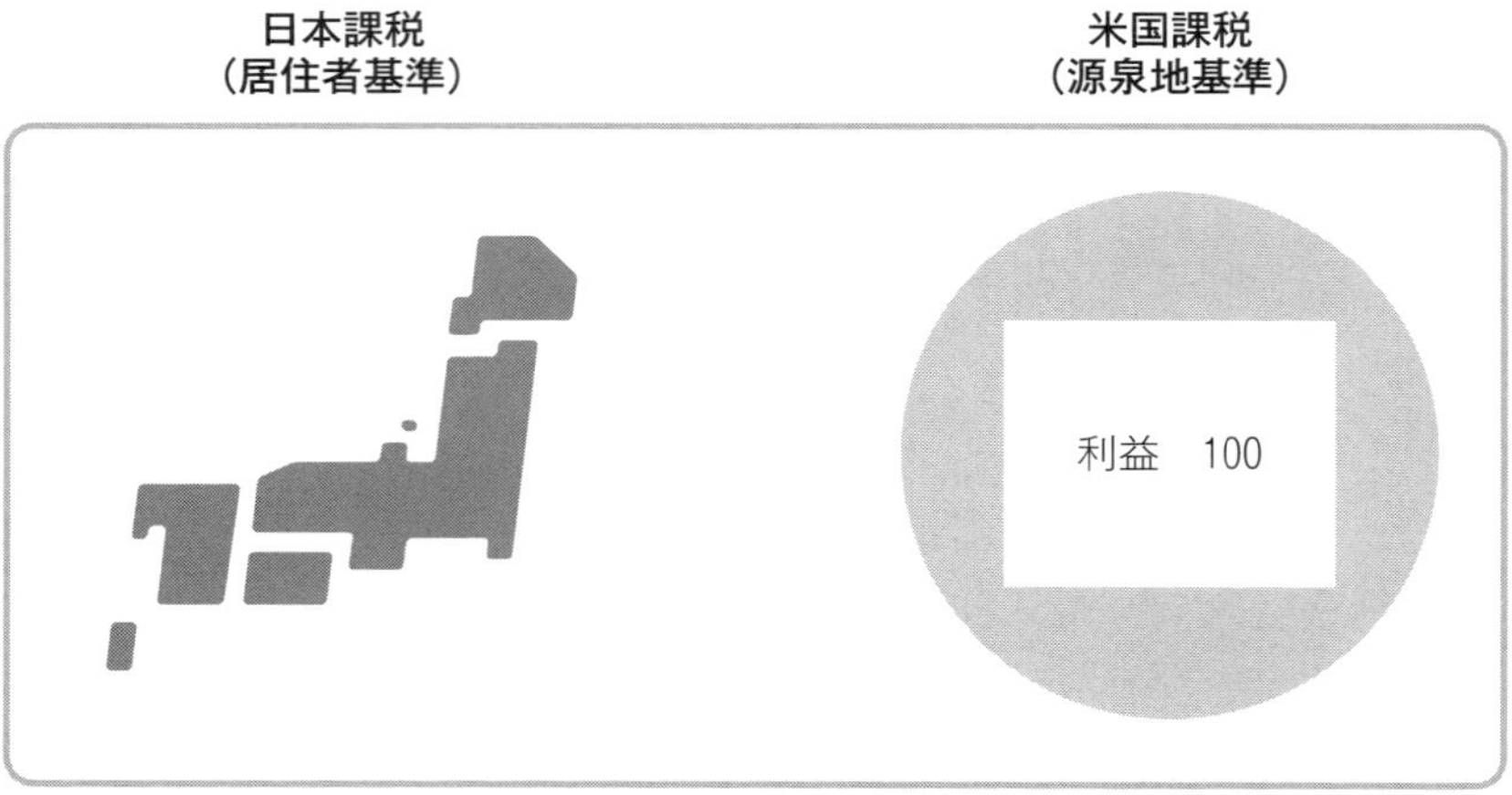

税引前利益	100	税引前利益	100
税金	30	税金	35
税引後利益	70		
外国税額	35		
最終利益	35		

日本国内でのみ
ビジネスをしていたならば
発生しない負担部分

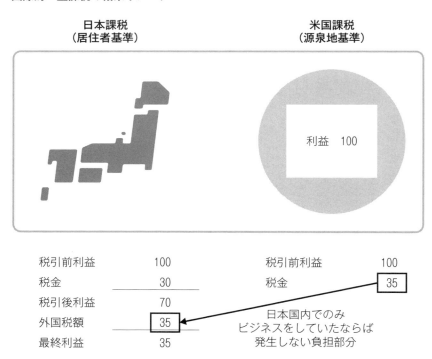

▼国際税務のルール＝租税条約＋移転価格税制

☑租税条約

租税条約とは、国際的二重課税を排除することを目的として二国間で結ばれる条約です。世界的な調和を図る目的からＯＥＣＤ（経済協力開発機構）、ＵＮ（国際連合）等の国際組織によりその統一化・標準化が図られています。租税条約の目的は、国際的二重課税の排除にあります。したがって、租税条約においては、居住者の概念と源泉地の概念が明確に規定されるとともに、所得項目ごとに源泉地が規定されています。

さらに、多くの租税条約において、二国間の経済活動の促進や国際的二重課税が発生した際の外国税額控除手続きの負担軽減を目的として、非居住地国側における課税権の行使について、一定の制約が設けられています。

これらの租税条約は控除法を採用する国々を前提として編み出されてきたものであり、免除法を採用する国または地域においては、そもそも二重課税が発生しないことから、租税条約の必要性は低いものとされてきました。

しかし、近年、租税条約の機能の1つである非居住地国側における課税権の制限について、その重要性が増してきたことに対応して、香港等の免除法を採用する地域等においても、租税条約の締結が活発に行われるようになっています。

☑移転価格税制

移転価格税制とは、通常は、関連企業間取引税を指しますが、こちらを狭義の移転価格税制といい、広い意味で捉えた場合には、「恣意的な課税権侵害の回避を目的とする税制」を指し、こちらを広義の移転価格税制といいます。この概念は、さまざまな国際税務の税制を含むものです。詳しくは、後述します。

二重課税と二重非課税を排除するための租税条約？

租税条約の機能

租税条約の目的は国際的二重課税の排除にあります。

これを達成するためには、外国で発生した税金を控除するものと規定するだけでは足らず、そもそもの二重課税が発生する過程に遡り、居住者の概念と源泉地の概念をそれぞれ明確化することにより、発生すべき二重課税の内容を特定化する必要があります。

同時に、そもそも国際的二重課税を発生させないためには、非居住地国側で課税を行われないことが最も簡便かつ効率的であることから、相互主義に基づき、租税条約において非居住地国での課税権を制限する方向で取り決めが行われることも多く、一般に租税条約は課税権を制限する方向で機能するといわれます。

この課税権の制限は一方の国のみが行えば、その国の権益にとって不利益が生じることになりますが、相互主義を前提として二国間で租税条約を締結する場合には、自国だけでなく相手国も同様に課税権の制限を行うことから双方にとって平等なものとなります。さらに、これにより国際的二重課税問題を解消し、両国間による国際取引を推進することができるものとなります。

国際的二重課税を租税条約で排除するイメージ

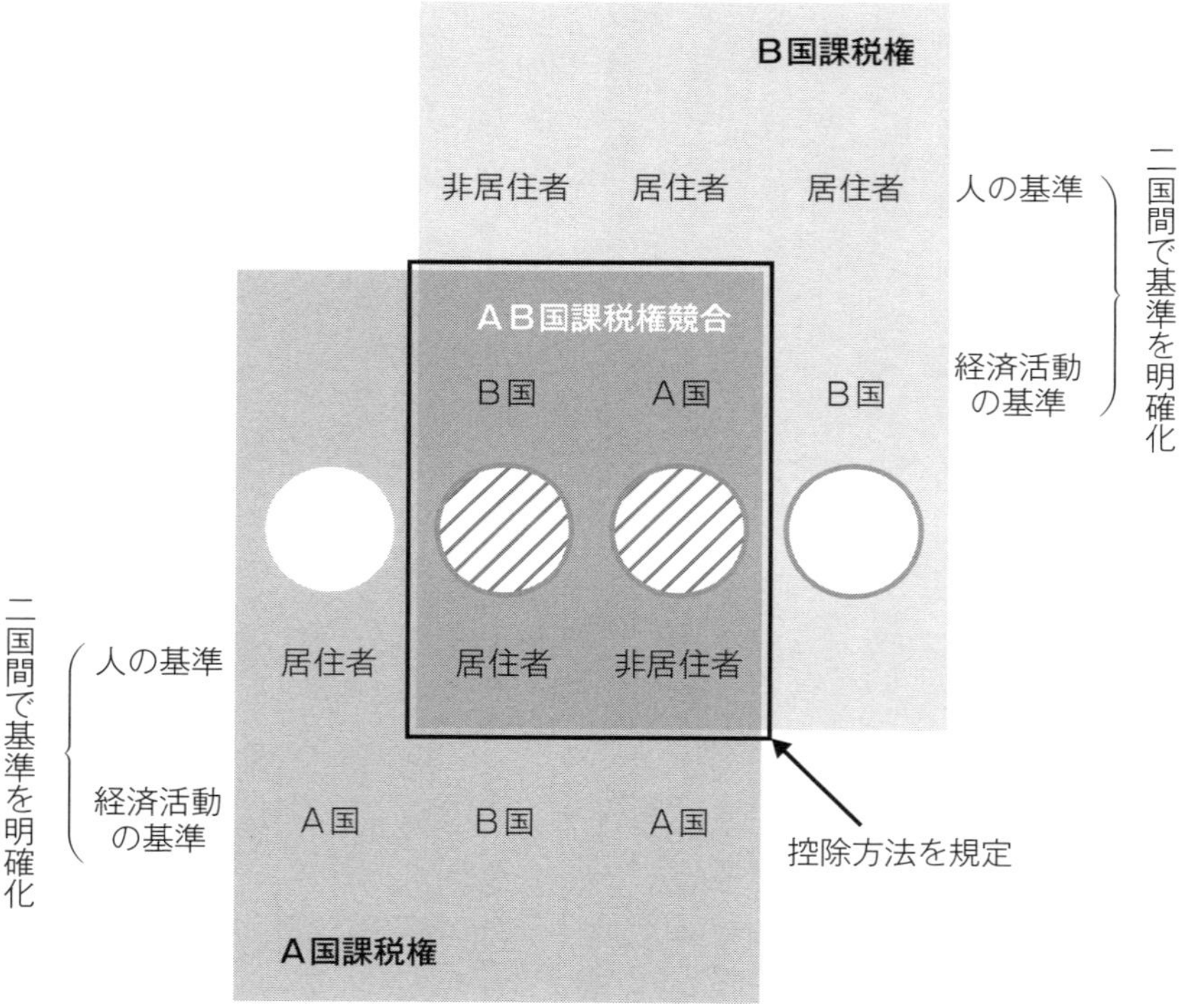

ミスマッチの恣意的活用による国際的二重非課税

このように相互主義に基づき自国の課税権を制限する方向で機能する二国間の租税条約がそれぞれの国家間で多数締結され、その数は3000超ともいわれています。

世界はまさに二国間条約のネットワークで張りめぐらされているわけです。

このような多岐にわたる租税条約のネットワークの中では、さまざまなことが起こります。

例えば、A国とB国の間では非居住地国における課税が規定されている一方で、A国とC国の間では非居住地国における非課税が規定され、B国とC国間の間でも非居住地国における非課税が規定されているとします。

この場合に、税負担の低減を図ることを主要な目的として、A国あるいはB国のある企業が意図的に取引にC国を介在して取引を行う場合には、結果として企業は非居住地国における課税を免れることができます。

これこそが「ザ・BEPS」であり、この文脈においてBEPSと租税条約が相互に関連することになります。

このような行為は二国間租税条約の機能を恣意的に利用することにより、その本来的趣旨である国際的二重課税の排除という目的を逸脱して、国際的二重非課税という状態を発生せしめるものとなり、この国際的二重非課税が、まさにBEPSの対応範囲とするところになります。

したがって、二国間租税条約との関連でBEPSを捉えた場合には、その趣旨を逸脱した恣意的活

ミスマッチによる国際的二重非課税のイメージ

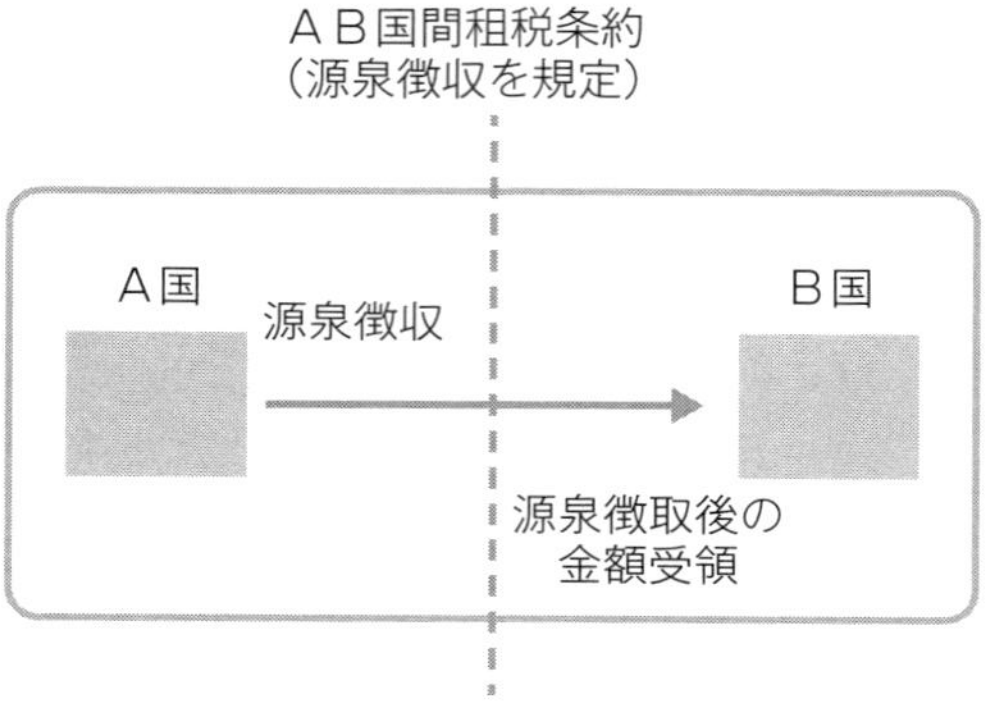

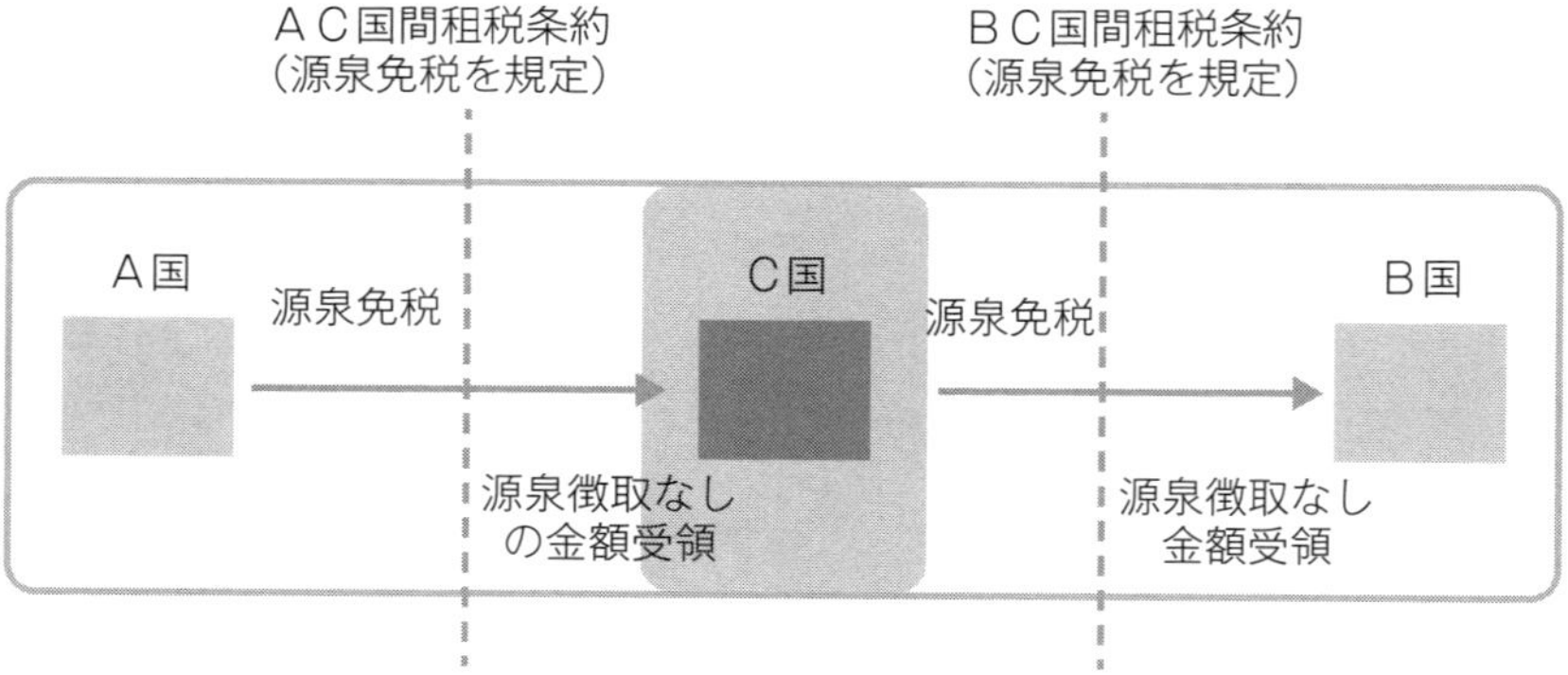

用による国際的二重非課税の発生を防止することが目的といえ、租税条約はその対象となるものといえます。

また、BEPSにおいては、これまでの国際税務がその対応を目的としてきた国際的二重課税という言葉に対応して、国際的二重非課税という言葉がキーワードとして頻繁に使用されることになります。

二重課税と二重非課税

本書を通じて、「二重課税」と「二重非課税」という言葉が多く使われています。「二重課税（Double Taxation）」という用語は、本書でも頻繁に使用する国際的二重課税や所得税と相続税の二重課税など比較的よく耳にするものです。

一方で、「二重非課税」という概念は比較的新しい概念ですので、一瞬戸惑われる方もいるかもしれません。確かに、わざわざ「二重非課税（Double non-Taxation）」と呼ばずとも「非課税（non-Taxation）」と呼べばこと足りるともいえますが、BEPSの世界においては、従来の国際税務がその解決を使命としてきた二重課税とは全く逆の概念であることを強調する意味も含め、あえて二重非課税と呼んでいるものです。

したがって、言葉はよく似ていますが、全く異なった意味合いで使われていますので注意が必要です。

BEPSと唯一の国際ルール「移転価格税制」との関係は？

それでは、国際税務分野における二国間の租税条約以外の唯一のルールともいえる移転価格税制とBEPSの関係を確認し、これからの議論の基礎知識を固めておきましょう。

まずは、「移転価格税制」の大枠を示し、BEPSの立ち位置を確認します。

▼広義の移転価格税制と狭義の移転価格税制

移転価格税制を広い意味で捉えた場合には、「恣意的な課税権侵害の回避を目的とする税制」といえます。狭い意味で捉える場合には、次に掲げた関連企業間取引税制と同義となります。

また、一般に移転価格税制といえば、後者の関連企業間取引税制（狭義の移転価格税制）を指すことが多いでしょう。

▼関連企業間取引税制（狭義の移転価格税制）

関連企業間取引税制とは、関連企業間取引において独立企業間価格（Arm's length price）と異なる価格で取引が行われた場合、その取引価格が独立企業間価格で行われたものとして課税所得を調整する税制をいいます。

この関連企業間取引税制については、その歴史は比較的古く、米国において1968年に具体的規則が制定され、その後、1979年OECDによるガイドラインの公表が行われて以降、欧州、アジア、カナダ、オーストラリア等の各国で同様の税制が制定および執行されてきています。

日本においても1986年に導入され、中国においては1992年に具体的通達が公表されることにより適用が開始され、その後、アジアにおける各国においても次々と導入されています。

ここで重要なのは、関連企業とは、直接、間接の資本関係だけでなく、経営の支配といった実質面での関係による判断も含まれることが一般的であるということです。

なお、独立企業間価格の算定基準としては、一般に、独立価格比準法、再販売価格法、原価加算法、取引単位営業利益法、利益分割法があげられています。

さらに、有形資産の売買だけではなく、サービス等の無形資産取引についても独立企業間価格に基づいた価格による取引を行わなければならなりません。

ロイヤリティの授受、国外現地法人への派遣駐在員人件費負担等の幅広い範囲にこの税制が適用されています。

広義の移転価格税制

また、移転価格税制を「恣意的な課税権侵害の回避を目的とする税制」と広い意味で捉えた場合には、関連企業間取引税制（狭義の移転価格税制）に加えて、CFC（Controlled Foreign Company）税制、過小資本税制、代理人PE等にかかわる税制が含まれます。

なお、税関に対する輸入申告価格調整についても広義の移転価格税制に含められます。

▼広義の移転価格税制と狭義の移転価格税制とＢＥＰＳとの関係

広義の移転価格税制には、次図に示したとおり、ＢＥＰＳが含まれます。新たな取り組みとしてのＢＥＰＳの中には、従来の枠組みでは対応しきれなくなってきている狭義の移転価格税制（関連企業間取引税制）に対する措置も含まれるでしょう。

広義の移転価格税制と狭義の移転価格税制とBEPSとの関係イメージ

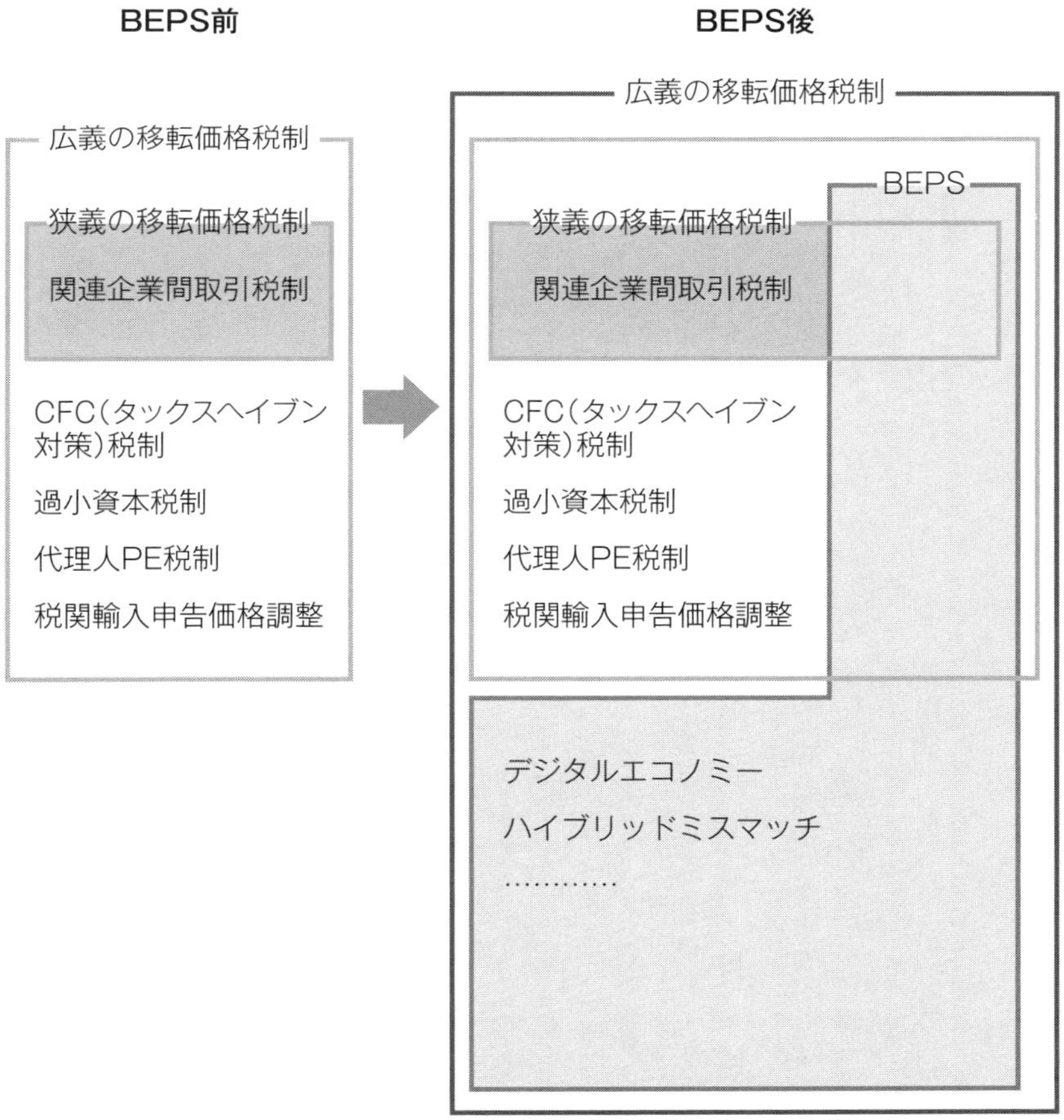

BEPSと国境税＝消費税（付加価値税）との関係は？

▼消費税とは？

消費税とは、一般に人が物品またはサービスを購入・消費するという事実に着目して課される租税をいいます。

ここでは、消費行為そのものを直接対象とするものを直接消費税と呼び、製造業者や販売者によって納付された租税が価格に含められて消費者に転嫁されていくことが予定されているものは間接消費税と呼ばれています。

さらに、間接消費税は、各段階ごとの付加価値を課税標準として課税がなされる多段階型間接消費税としての付加価値税（Value Added Tax）と、各段階の売上金額を課税標準として課税がなされる多段階型直接消費税としての取引高税に区分されます。

現在では、多くの国において採用されている付加価値税が消費税を代表するものとなっており、一般に消費税といえば、付加価値税のことを意味するものといえるでしょう。

▼国際税務から見た付加価値税

従来は国際税務といえば、所得にかかわる課税すなわち法人税や所得税を対象とすることを意味し

直接税と間接税の納税者の違い

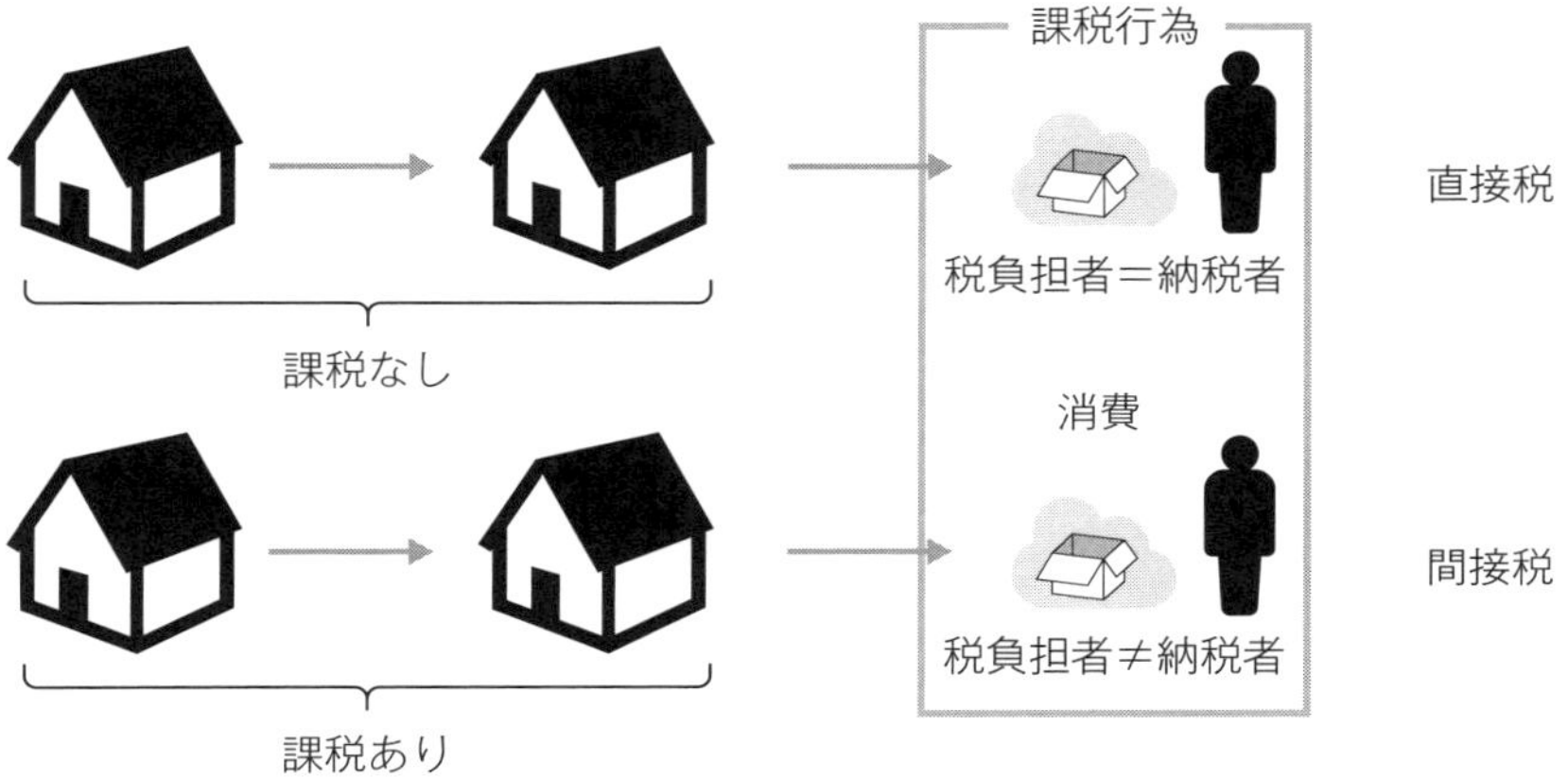

ており、付加価値税が国際税務の場面で議論されることはありませんでした。

これにはいくつかの背景があり、1つには近年多くの国において採用されている付加価値税は、その歴史からみて、そもそも国境調整税として他国に影響を与えないものとして発展してきたことがあげられます。

☑ 国境調整税

国境調整税とは、国境税とも呼ばれ、輸出入により商品が国境を出入りする際に賦課あるいは還付される租税をいい、消費税がその代表といわれます。

この国境調整税の背景には、いまから60年ほど前の欧州の状況があります。当時欧州において、各国が互いに激しく輸出競争を展開していると同時に、当時強大であった米国、ソ連に対応するための欧州諸国による統合単一市場の実現が目標とされ、ここでは輸出補助金が重大な問題となっていました。

各国による議論の結果、その廃止に向けた取り組みの中で国際ルールとして輸出時に輸出価格から間接税分を還付することが認められました。

ここで、注目されたのが１９５４年にフランスにおいてはじめて導入されたばかりのＶＡＴです。その当時多くの国において採用されていた間接税はまちまちであり、輸出段階で商品価格から間接税部分を正確に取り出すことはほぼ不可能な状態でしたが、ＶＡＴは生産と流通のいかなる段階にあっても、その商品価格に占める間接税の割合が明確であるというメリットを有していました。このような背景により、ＶＡＴはまず欧州において広く採用されるようになり、その後、国境調整税という性質を有したまま、世界各地に広がっていくことになりました。

このように、国際税務の発展過程においては、多くの国家が密集し国際的取引が日常的であった欧州地域での税制の発展が色濃く影響していることがわかります。

☑付加価値税が多くの国の税収を支える

税制の長い歴史から見ると極めて新しい税目である付加価値税ですが、欧州において１９６０年代後半に現代的な付加価値税に衣替えしてから急速な広まりを見せ、いまや政府の税収を支える基幹的な税目として、世界１３０か国を超える国で導入されており、ＯＥＣＤに加盟するほぼすべての国において採用されるようになっています。

日本においても、１９８９（平成元）年に消費税として導入され、その後約30年が経過し、近年、消費税は、制度として定着しただけでなく、その果たすべき役割はさらに重要性を増しており、財政再建、社会保障財源、地方分権といった観点から、昨今の税制改革論議において大きな議論の的となっています。

▼BEPSと消費税

このように国家財政にとっての重要性がますます増してきている消費税ですが、近年のインターネットの普及によるバーチャルエコノミー化等の急速な進展に伴いその国境調整税としての機能が薄れてきたことにより、恣意的な利用がなされるようになってきています。

例えば、企業は消費税課税のない（または優遇されている）地域にインターネットによるサービスプロバイダーを設立して、国境の概念のないサイバースペースにおいてサービスを提供することが可能となりました。

ここでは、消費税を有する地域に所在する同様のサービスプロバイダーと比較して、消費税相当部分だけ低い価格で消費者にサービスを提供することが可能となってしまいます。

そこで、ＢＥＰＳにおいては、所得にかかわる課税だけでなく、国際的な消費税取引についてもその対応範囲に含めることとなりました。

具体的には、Ｂ２Ｃ取引（企業と消費者の取引）において、前述のように海外から直接消費者にサービス提供が行われる場合に生じる、消費税非課税という問題については、外国事業者を顧客の所在地で登録させて消費税を徴収することが提言されています。

また、日本では、この提言の内容を踏まえ、平成27年度税制改正において、国境を越えた役務提供

国境を越えた役務提供に対する消費課税のイメージ

一般の取引

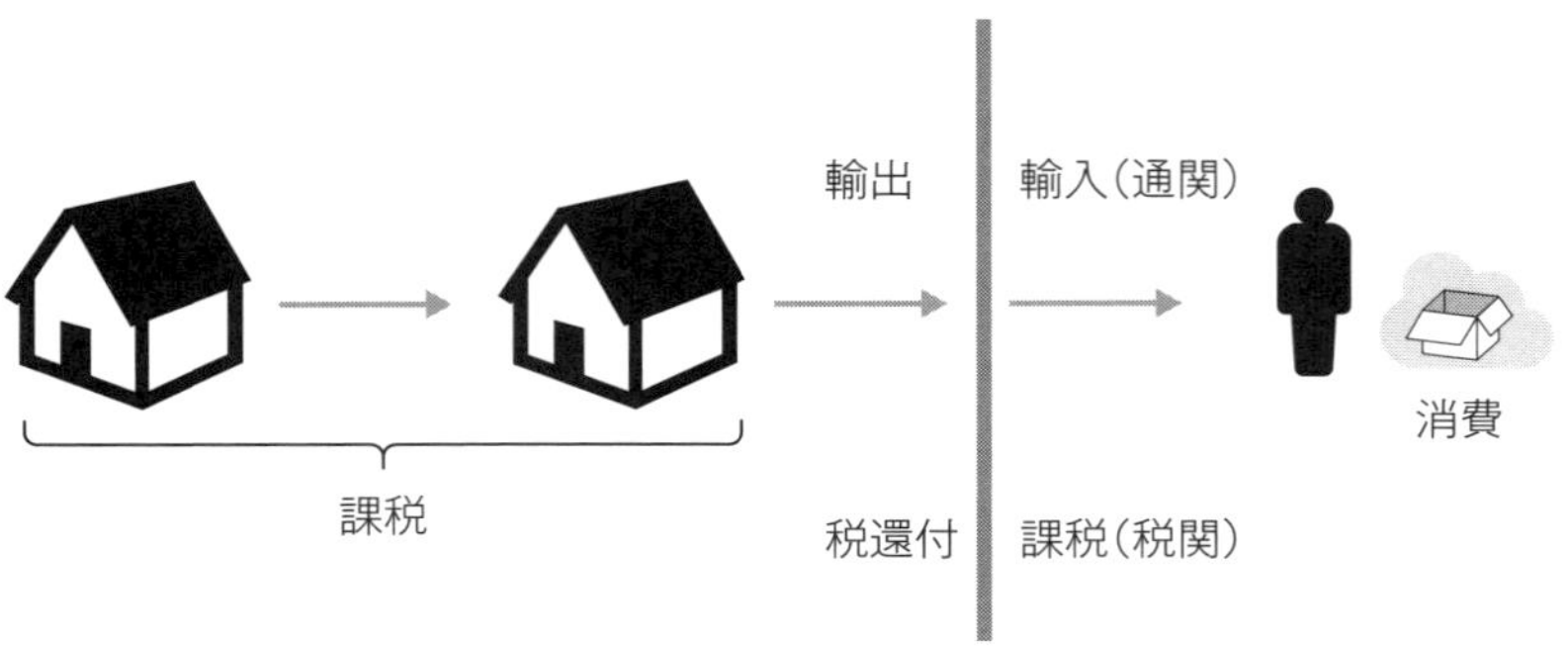

サイバースペース取引

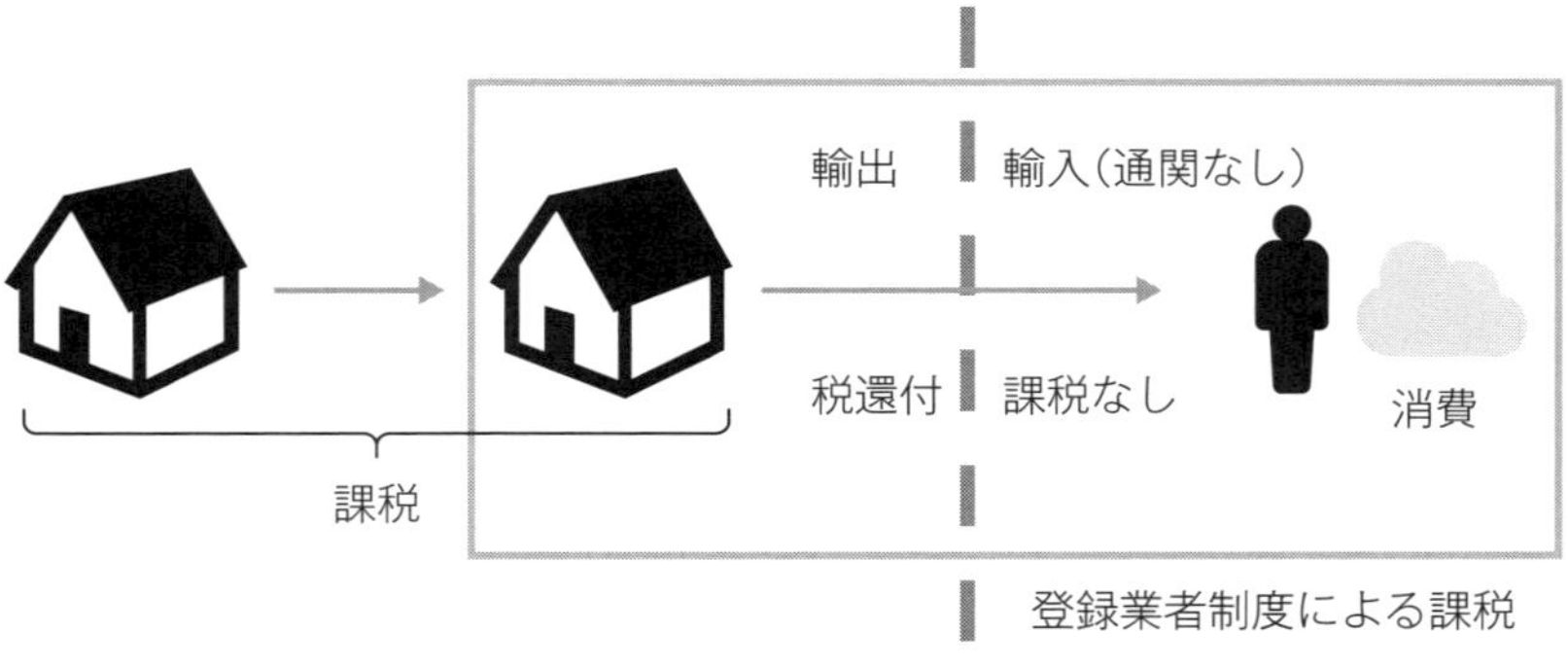

に対する消費税の課税について見直し、国外事業者が国境を越えて行う電子書籍・音楽・広告の配信等の電子商取引については消費税の課税対象とすることとしています。

☑もう1つの国境税＝国境税調整（Border Tax Adjustment）

国境税調整とは、国境税とも呼ばれ、輸入品に類似の国内産品に課されている間接税を課して、自国産品の輸出に際しては国内の税相当分を還付する措置のことをいいます。

また、GATTワーキングパーティー報告書（1970年）では、OECDによる「輸出国の国内市場で消費者に販売される類似の国内産品に関して、輸出国において課される税の全部または一部を輸出産品から免除し、輸入国において類似の国内産品に課される税の全部または一部を、消費者に販売される輸入産品に課す措置」と定義されています。

したがって、国境調整税と国境税調整とは、その発生の源は同一のものであり、同様のものを別の観点から捉えたものといえるでしょう。

国境調整税がその発生形態に基づき、主に、輸出時の税還付を中心に語られるのに対して、国境税調整の概念では、より幅広い議論がなされます。

具体的には、過度な輸出競争を抑制することを目的として、輸出時の補助金については認めないものの、間接税部分の還付については認めるという国際ルールがある一方で、輸入時の間接税課税については明確な国際ルールとしての規制には至っていません。

それでは、輸入時に国内産品に課されている間接税を上回る税を課した場合にはどうなるのでしょうか？　まさに、これが米国トランプ政権が導入を検討している税制です。

また、中国においてはいわゆる原産地主義（財貨サービスの消費地ではなく生産地を基準として課税する）の間接税が採用されており、中国からの多くの輸出品には中国において負担された間接税額が含まれています。しかしながら、近年中国の輸出競争力低下により、他の多くの国において採用されている（上述の国境税調整を有する）仕向地主義の間接税へと変更することが議論されています。

このように欧州で芽生えた消費税についても、そもそも租税が国家主権であるという性質に起因して、採用している国々の個別的状況によりまちまちに変容し、それがさらに新たな変容を生むといった過程を通して、ますます多様化していくということがわかります。

これまでのBEPSを支えたのは、G20&OECD?

ＢＥＰＳへの対応については、これまでは次のような経緯となっています。

▼BEPSの経緯

２０１２年６月
Ｇ20サミット（メキシコ）において「税源浸食と利益移転を防ぐ必要性」について再確認、ＯＥＣＤ租税委員会本会合においてＢＥＰＳプロジェクト開始
２０１２年後半
スターバックス、グーグル、アマゾン、アップル等の租税回避が政治問題化
２０１２年11月
Ｇ20財務大臣・中央銀行総裁会議でＢＥＰＳプロジェクトの作業を歓迎
同会議にて英・独の財務大臣がＢＥＰＳに関する共同声明を発表
２０１３年１月～２月
ＯＥＣＤ租税委員会本会合にてＢＥＰＳに関する現状分析報告書を承認
２０１３年６月
Ｇ８サミットでＢＥＰＳプロジェクト支持

ＯＥＣＤ租税委員会本会合にて「ＢＥＰＳ行動計画」を承認

２０１３年７月

「ＢＥＰＳ行動計画」公表

２０１３年９月

Ｇ20サミットでＢＥＰＳ行動計画を全面的に支持

ＯＥＣＤ非加盟Ｇ20メンバー8か国も含めた「ＯＥＣＤ／Ｇ20ＢＥＰＳプロジェクト」始動

税に関するＧ20サンクトペテルブルク首脳宣言附属書（骨子）２０１３年９月６日

国際的に協調した取り組みにより、現行のルールでは概ね合法な国際的なタックス・プランニングから生じる税源浸食に対処しなければならない。Ｇ20首脳は税源浸食と利益移転（ＢＥＰＳ）への対処の必要性を、２０１２年６月のロスカボス・サミットにおける税に関するアジェンダの最優先項目として特定。Ｇ20の指示を受け、ＯＥＣＤは２０１３年２月にＢＥＰＳに関連する問題の概要についてのレポートを提出し、現在、ＢＥＰＳに対処するための野心的で包括的な行動計画を提示した。行動計画で特定された15の項目計画に係る提案および勧告を策定するため、ＯＥＣＤ非加盟Ｇ20諸国がＯＥＣＤ加盟国と対等な立場で参加するＯＥＣＤ／Ｇ20ＢＥＰＳプロジェクトを設立。Ｇ20首脳はＯＥＣＤによる迅速かつ効果的な対応を評価。

（出典：外務省ホームページ）

２０１４年９月
ＢＥＰＳ行動計画第一次提言報告書公表
以降、国内法・条約改正が必要なものへの検討を各国開始
２０１５年10月
ＢＥＰＳ行動計画最終報告書公表

このように、ＢＥＰＳに対するプロジェクトについては、Ｇ20とＯＥＣＤがその中心的役割を果たしていることがわかります。

それでは、Ｇ20やＯＥＣＤとは、とりわけそのＢＥＰＳとの関係においてはどのようなものなのでしょうか。

▼Ｇ20

Ｇ20とは“Group of Twenty”の略で、主要国首脳会議（Ｇ７）に参加する7か国、欧州連合（ＥＵ）、新興経済国12か国の計20か国・地域からなるグループです。

構成国・地域は、米国、英国、フランス、ドイツ、日本、イタリア、カナダ（以上、Ｇ７参加国）、ロシア、中華人民共和国、インド、ブラジル、メキシコ、南アフリカ、オーストラリア、韓国、インドネシア、サウジアラビア、トルコ、アルゼンチンに欧州連合を加えたものであり、20か国・地域首脳会合（Ｇ20首脳会合）と20か国・地域財務大臣・中央銀行総裁会議（Ｇ20財務相・中央銀行総裁会

議）を開催しています。

▼OECD

ＯＥＣＤとは「Organisation for Economic Co-operation and Development：経済協力開発機構」の略で、その本部はフランスのパリに置かれています。

第二次大戦後、米国は経済的に混乱状態にあった欧州各国を救済すべきとの提案を行い、「マーシャルプラン」を発表しましたが、これを契機として、１９４８年４月、欧州16か国でＯＥＥＣ（欧州経済協力機構）が発足しました。これがＯＥＣＤの前身にあたり、その後、欧州経済の復興に伴い１９６１年９月、ＯＥＥＣ加盟国に米国およびカナダが加わり新たにＯＥＣＤ（経済協力開発機構）が発足しました。その後、日本は１９６４年にＯＥＣＤ加盟国となりました。

現在（２０１７年７月時点）、ＯＥＣＤの加盟国は次の35か国となっています。

☑EU加盟国（22か国）

英国、ドイツ、フランス、イタリア、オランダ、ベルギー、ルクセンブルク、フィンランド、スウェーデン、オーストリア、デンマーク、スペイン、ポルトガル、ギリシャ、アイルランド、チェコ、ハンガリー、ポーランド、スロバキア、エストニア、スロベニア、ラトビア

☑その他（13か国）

日本、米国、カナダ、メキシコ、オーストラリア、ニュージーランド、スイス、ノルウェー、アイスランド、トルコ、韓国、チリ、イスラエル

▼BEPSプロジェクト参加国

前述のような流れを背景として、G20の指示を受け、OECDが2013年2月にBEPSに関連する問題の概要についてのレポートを提出し、この中でBEPSに対処するための野心的で包括的な行動計画が提示されました。

これを受け、行動計画で特定された15の項目計画にかかわる提案および勧告を策定するため、2013年9月におけるG20において、G20諸国OECD加盟国が対等な立場で参加するOECD・G20BEPSプロジェクトが設立されました。

税に関するG20サンクトペテルブルク首脳宣言附属書においては、ここでの行動計画における、次のようなアジェンダが掲げられており、これらは、BEPSプロジェクトの基礎を形作るものといえます。

① 各国の主権を尊重しつつ、各国税制の間の隙間に対処するための国際課税ルールを設計。

② 経済活動が行われ、価値が創出される場所で利益が課税されるよう、租税条約、恒久的施設、移転価格に関する既存の国際課税ルールを検討。

③ 利益と課税の配分に関する税務当局への報告のための共通テンプレート等を通じ、一層の透明性を確立。

④ 今後18か月から24か月ですべての行動を実施。

さらに、これと同時に、国際課税上の課題は二重非課税への対処にとどまらず、その他の税に関する諸問題についての議論の継続を奨励するものとされています。

ここでのＢＥＰＳプロジェクトには最終的（２０１６年6月時点）に計46か国が参加することとなり、そのうち34か国（上述の35か国のうちラトビア（当時申請加盟中）を除く）がＯＥＣＤ加盟国であり、その他にはＯＥＣＤ非加盟のG20メンバー8か国（アルゼンチン、ブラジル、中国、インド、インドネシア、ロシア、サウジアラビアおよび南アフリカ）とＯＥＣＤ加盟申請国（コロンビア、ラトビア、コスタリカ、リトアニア）４か国が、ＯＥＣＤ加盟国と同様に意見を述べ、意思決定に参加しうるAssociateとして参画していました。

また、このＯＥＣＤプロジェクト参加国は、その後、BEPS Inclusive Framework（ＢＥＰＳ包括的フレームワーク）参加国として、より範囲を広げたグループとなっています。

BEPSプロジェクト参加国

	OECD加盟国		OECD非加盟国
G20メンバー（19か国）	フランス、ドイツ、イタリア、英国	オーストラリア、カナダ、日本、米国、韓国、メキシコ、トルコ	アルゼンチン、ブラジル、インド、中国、インドネシア、ロシア、サウジアラビア、南アフリカ
	オランダ、ベルギー、ルクセンブルク、フィンランド、スウェーデン、オーストリア、デンマーク、スペイン、ポルトガル、ギリシャ、アイルランド、チェコ、ハンガリー、ポーランド、スロバキア、エストニア、スロベニア、ラトビア（2016年 7 月加盟）	ニュージーランド、チリ、ノルウェー、アイスランド、イスラエル、スイス	コロンビア、コスタリカ、リトアニア
	EU22か国	計35か国	計11か国

これからのＢＥＰＳを支えるのも……？

これまでの話を寄せ集めていただけば、おぼろげながらでも、ＢＥＰＳの全体像が見えてきましたか？　まだでしょうか？

これまでは、断片的ですが、重要と思われる情報からお話してきました。その内容を寄せ集めて、さぁ！　全体像は？　というほど簡単な代物ではないでしょう。多種多様な広がりを予感させ、世界各国が足並みを揃えて行動しなければ到底解決できない代物ということでしょう。

それでは、そのような多様かつ幅広い概念を持つであろう「ＢＥＰＳ」いうものを一体誰が執行していくのでしょうか？

▼やはりOECDとG20か？

この質問に対する回答もまた一言では表現することはできないのですが、あえて、誤解を恐れずに言えば、ＯＥＣＤの次頁上掲の文章のように表現されているといえると思われます。

ここに見られるように、ＢＥＰＳ問題への対応については、ＯＥＣＤとＧ20のメンバー国がイニシアティブをとるとの理解に間違いありません。

ただし、これと同時に忘れてはならないもう1つの重要な事項は、租税の問題はそれぞれの国家独自の主権にかかわる問題であるということです。

PART 1 OF A REPORT TO G20 DEVELOPMENT WORKING GROUP ON THE IMPACT OF BEPS IN LOW INCOME COUNTRIES, OECD:

BEPSプロジェクトは世界的対応を必要とする。タックス・プランニングの国際的性質に鑑み、単一国家による国家間の協調を欠いた対応では十分ではなく、かえって状況を悪化させるものとなる。OECDおよびG20によるBEPSのもたらす問題への対応プロジェクトは集合的な国際努力であり、先進国および発展途上国双方の利益に資するものといえる。

“BEPS is a global issue that requires global solutions. The international nature of tax planning means that unilateral and unco-ordinated actions by countries will not suffice and may make things worse. The current OECD/20 Project, designed to address the issues that lead to BEPS, is a collective international effort which stands to assist both developed and developing countries.”

したがって、BEPSへの対応についても、最終的には国内法制に組み込まれなければならず、このことは、OECDとG20といった国際的組織によるイニシアティブはあくまでも国際協調のための仕組み作りに限られるということを意味することになります。

このことは、企業の立場からだけ見れば、BEPSへの対応といってもその勧告の内容にいちいち目を通す必要はなく、所在国の国内法制の変更に従えばよいだけで、OECDが公表する報告書に必ずしも従う必要はないということを意味するかもしれません。

しかし、それでは、早計との誹《そし》りは免れないでしょう。

なぜなら、BEPSプロジェクトに参加する国家はBEPSの提言に沿った国内法制の改正を行う必要があり、かつ、これらの進捗状況についてOECDとG20がイニシアティブをとって国家間による相互レビューを行うという形態が採用されています。したがって、それぞれの企業は自らの所在する地域がいつまでにどのような税制を採用しなければならないのか、また、取引相手国においてはどのような税制となっているのかを理解するためにＢＥＰＳの動向について理解をしておかなければならないでしょう。

▼ＯＥＣＤにおける組織等

ＯＥＣＤの組織は、各国の代表により構成される理事会と委員会、そしてＯＥＣＤ事務総長を代表とする常設の事務機構として設けられる各局（センター）とに大きく分けられます。それぞれ、次頁のような組織機構が相互に密接な関係を保ちながらそれぞれの活動を行っています。いい機会なので、事務局の一部も掲げておきますね。

☑租税委員会―Committee on Fiscal Affairs（CFA）

租税委員会は、租税政策・税務行政の両分野において広く情報の共有・意見交換を実施している国際フォーラムであり、特に国際課税分野においてＯＥＣＤモデル租税条約やＯＥＣＤ移転価格ガイドラインをはじめとしたルールの策定を積極的に行っています。

また、下部組織として次のような作業部会、関連会合等が設けられています。

第１作業部会　ＯＥＣＤモデル租税条約
第２作業部会　税制・税収に係る統計・経済的分析
第６作業部会　ＯＥＣＤ移転価格ガイドライン

OECD理事会と委員会の構成図

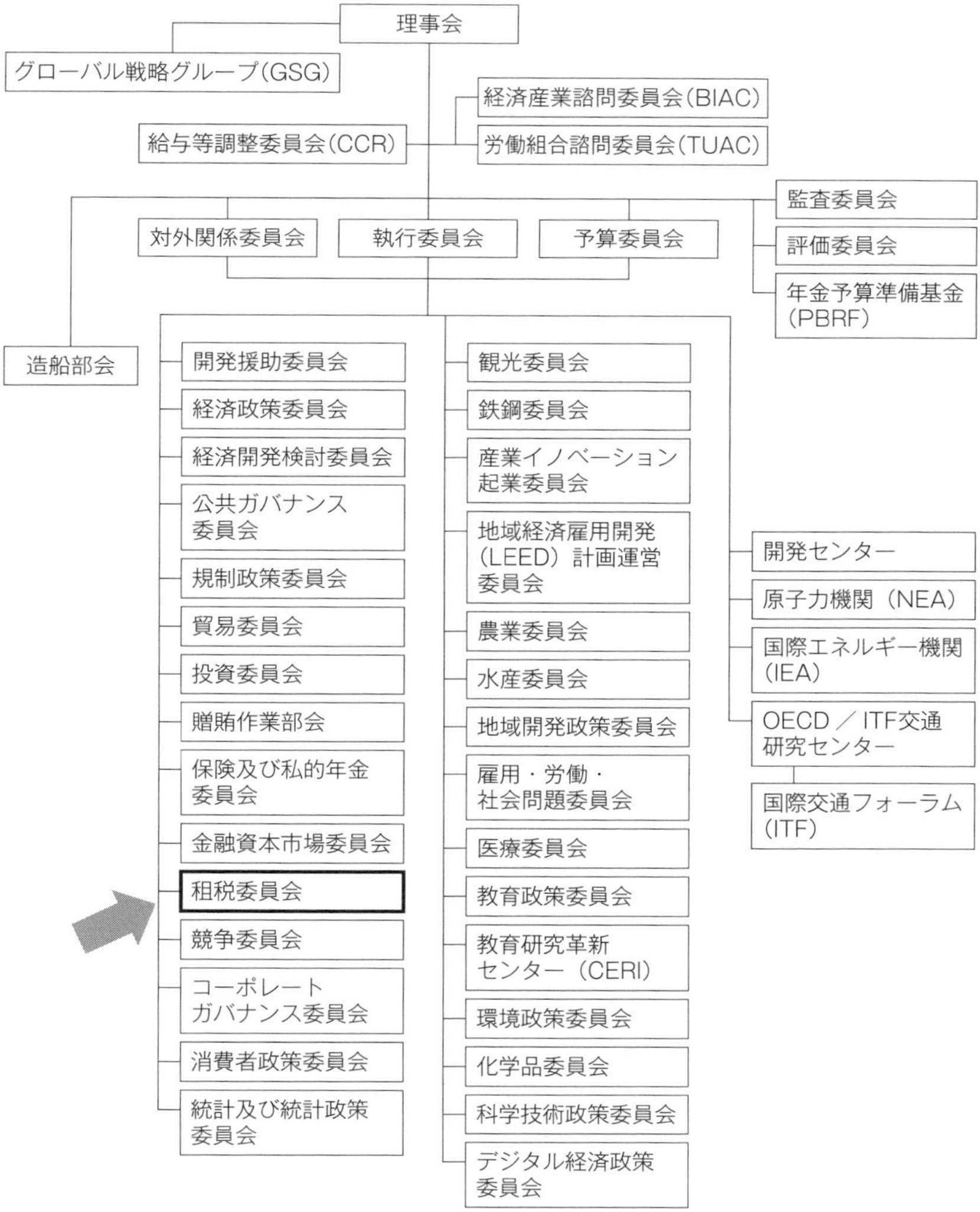

(出典：外務省ホームページ　http://www.mofa.go.jp/mofaj/gaiko/oecd/k_kiko.html)

OECD事務局機構図（一部抜粋）

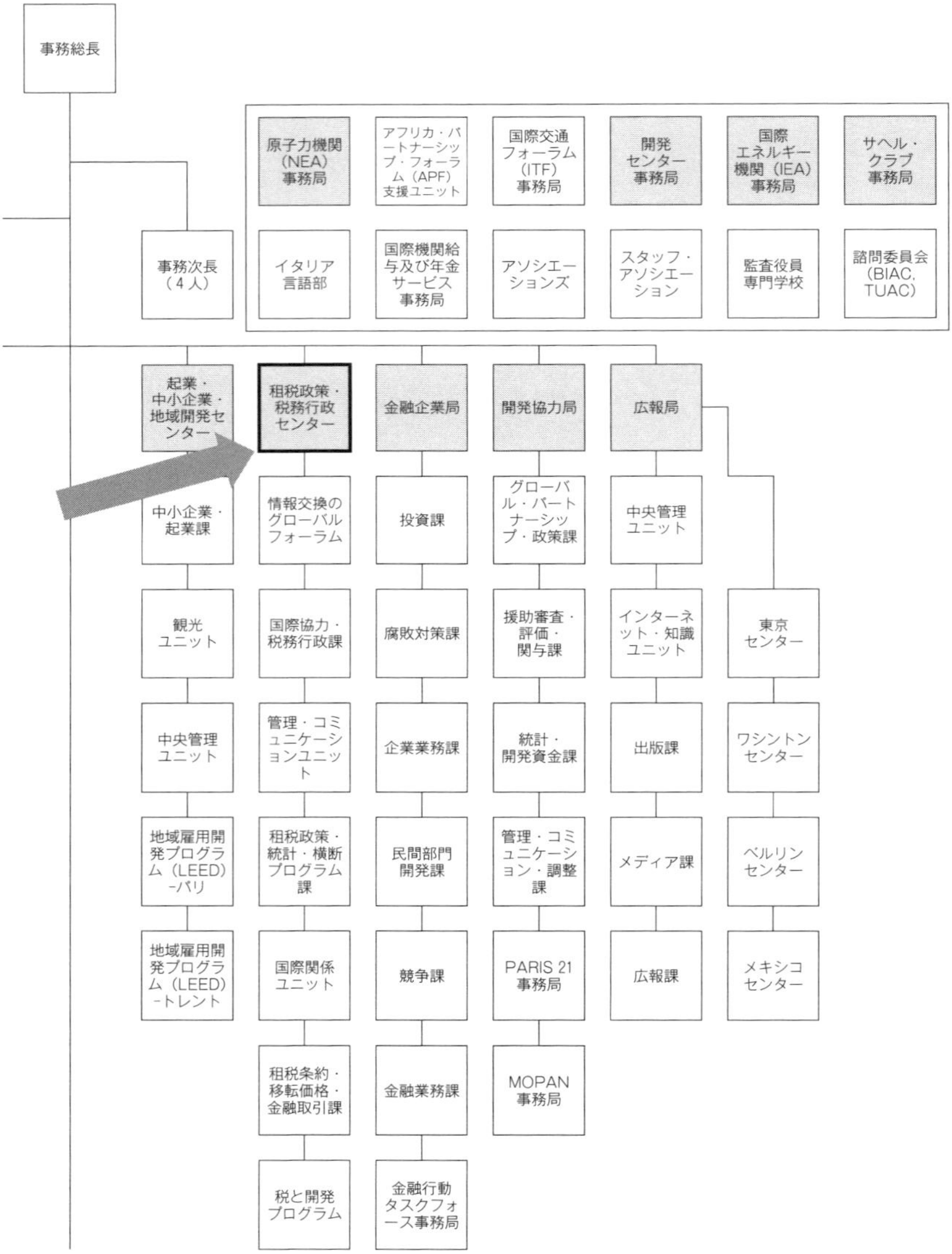

（出典：外務省ホームページ　http://www.mofa.go.jp/mofaj/gaiko/oecd/k_jimu.html）

第9作業部会　消費税
第10作業部会　税の情報交換
第11作業部会　濫用的なタックス・プランニング
有害税制フォーラム　有害な税の競争
税の透明性と情報交換に関するグローバルフォーラム税の情報交換に関する相互審査
電子経済タスクフォース　電子経済への課税のあり方
租税犯罪タスクフォース　租税犯罪
税務行政フォーラム　税務行政に係る各国の経験の共有・情報交換

これらの作業部会の中には、さらに特定のテーマについてサブグループを設置しているものもあります。

また、OECD事務局の中に租税政策・税務行政センター（Centre for Tax Policy and Administration：CTPA）が設けられており、租税委員会をはじめさまざまな委員会や作業部会を事務面でサポートし、OECDの策定している基準や国際課税ルールの発展・推進に関する活動を積極的に行っています。

☑Global Forum on Transparency and Exchange of Information for tax purpose

日本語で「税の透明性と情報交換に関するグローバルフォーラム」と呼ばれるもので、2000年から始まったＯＥＣＤと非ＯＥＣＤ諸国を含む多国間の枠組みであり、税の透明性に関する国際基準の実施に取り組む主要な国際機関となっています。

現在15の国際機関がオブザーバーとして参加するとともに１３３のメンバー国と地域が参加しています。

☑Forum on Tax Administration（FTA）

日本語で「税務行政フォーラム」と呼ばれるもので、定期的に各国の税務長官による会議が設けられています。

ＦＴＡは、税務行政の幅広い分野にわたって各国の知見・経験の共有を行うことを目的として、２００２年に設置された会議であり、ＦＴＡの下には作業部会として、①サブグループ等（恒久的な会議体を設け、特定のテーマについて継続的に検討を行う）、②加盟国主催プロジェクト（ＦＴＡごとに特定のテーマを設定し、報告書の作成を行う）、③ネットワーク（電話会議等により、各国税務当局間の情報交換を行う）が設置されており、各作業部会においてベストプラクティスの比較・検討等の具体的な作業が行われています。

☑Members of the inclusive framework on BEPS

「ＢＥＰＳ包括的フレームワーク」と呼ばれるもので、ＢＥＰＳプロジェクトが行動計画策定段階から導入実施段階に移行したことにより、それまでのＢＥＰＳプロジェクト参加国の枠組みをさらに拡大することを目的として、G20とOECDの主導により、BEPSの策定や導入に関心を有する国家と地域により形成されたフレームワークです。

BEPSパッケージの導入におけるモニタリング、レビューの実施において調整等の役割を果たすものとなっており、当面は、BEPSパッケージにおける4つのミニマムスタンダードの各国の導入にかかわるモニタリングを実施するものとされています。

また、同時に十分なリソースを有しない発展途上国に対するサポート等も実施するものとされています。

☑Financial Action Task Force（FAT）

日本語で「金融活動作業部会」と呼ばれるもので、1989年パリにおいて開催されたアルシュ・サミット後の合意により設置された政府間会合として、マネーロンダリングやテロ資金供与対策における国際協力を推進しているOECDの作業部会です。

日本を含むOECD加盟国を中心とした35か国・地域と二国際機関が加盟しています。各国の外務省・通貨金融監督当局・法務警察当局が出席し、OECDとは緊密な関係を保ちながら独立の組織として機能しています。

☑Joint International Tax Shelter Information Center（JITSIC）

日本語で「国際タックスシェルター情報センター」と呼ばれるもので、OECDにおけるForum

on Tax Administration（FTA）と緊密な関係を取りながら、現在36か国の税務当局により設置されている組織で、各国の職員が、国際的租税回避スキームおよび富裕層に関連した情報交換要請への対応や調査手法等の知見の共有に取り組んでいます。

BEPSを執行する枠組みは？

国内税法による執行

租税の問題はそれぞれの国家独自の主権の問題であることから、最終的には国内法制によるものとされ、ＢＥＰＳへの取り組みについても、各国または地域の税法に従うことになることが原則となります。

したがって、前述の国際的組織や枠組みによるイニシアティブを基にして、それぞれの国家が独自の課税権を修正調整し、これを自国の税法に従って執行することになります。

条約

条約とは国際法に基づいて成立する国家および国際機構間の文書による合意であり、一般的に国内措置をとらなくても国内法としての効力が認められており、日本でも「日本国が締結した条約及び確立された国際法規は、これを誠実に遵守することを必要とする」（日本国憲法第98条第２項）として、形式的には国内法に対して優先的に適用されるものとされています。

国際法上、条約（treaty）とは、その表題を条約（treaty）としているものに限らず、憲章（charter）、規約（covenant）、条約（convention）、協定（agreement）、議定書（protocol）、規程

◆条約
◆憲章
◆規約
◆協定
◆議定書
◆規程
◆取極
◆交換公文
etc.

二国間

租税条約
情報交換協定
⋮

多国間

租税行政執行共助条約
⋯⋯

（statute）、取極（arrangement）、交換公文（exchange of notes）、宣言（declaration）、声明（statement）などの名称を有するものを含み、広く国家間における法的な合意文書をいうものとされており、これらは法的拘束力において相違はありません。主に慣習によって使い分けられているものといわれています。

☑二国間租税条約

二国間租税条約とは、国際的二重課税を排除することを目的として、二国間で結ばれる条約をいいます。

国際的な対応が必要となる租税関係についての規定が設けられており、従来は国際的二重課税の排除を主要な目的としていましたが、現在では、租税回避防止を目的とした情報交換や国際的二重非課税への対応も主要な目的として持つようになってきており、これらがＢＥＰＳプロジェクトとして進められています。

このうち情報交換については、一般の租税条約以外に次のような協定に基づき、情報交換が行われることになっています。

☑二国間情報交換協定（TIEAs）

情報交換協定とは、二国間租税条約の一種で税務に関連する情報を交換することを主たる目的として締結される目的限定型の租税条約です。

ＯＥＣＤにより二国間モデル協定が作成されており、現在では数多くの情報交換協定が締結されています。

☑多国間税務行政執行共助条約

税務行政執行共助条約は、正式には「租税に関する相互行政支援に関する条約」といい、締約国間で租税に関する情報交換等を相互に行うための多国間条約で、近年ますますその重要性が増してきています。

この条約は、経済のグローバル化や金融取引の進展で、海外に資産を分散する動きが広まったことに対応するために、１９８８年に、欧州評議会加盟国やＯＥＣＤ加盟国を対象として作成された条約を基礎に、透明性と情報交換に関して国際的に合意された基準を統合させることにより、欧州評議会またはＯＥＣＤ加盟国以外の国へも開放することを目的として２０１０年に改定された条約です。

資産の海外移転による脱税や租税回避行為を防ぐ目的で、多国間の税務当局が連携する国際条約であり、多額の納税義務を負う納税者の税務情報を締約国間のネットワークを使って相互に共有し、必要に応じて海外の税務当局へ徴税代行や関連文書送付を要請できるものとなっています。

ここでは、以下のような3分野での協力がなされるものとされています。

① 情報交換

締約国間において、租税に関する情報を相互に交換すること。

② 徴収共助

租税の滞納者の資産が他の締約国にある場合に、他の締約国にその租税の徴収を依頼すること。

③ 送達共助

租税に関する文書の名宛人が他の締約国にいる場合に、他の締約国にその文書の送達を依頼すること。

また、その中でも重要な情報交換については、次の3つの方式があるものとされています。

(i) 要請に基づく情報交換 (information exchange on request)

ある国の要請に基づいて、別の国が課税情報を提供するものであり、条約締約国の権限のある当局 (competent authority) が、条約相手国の権限のある当局に対して、個別に情報の提供を要請するもの。

(ii) 自動的情報交換 (automatic information exchange)

個別的な要請を待たずして、金融資産の出入りや法人の所有者などに関する情報を組織的・継続的に交換し共有するもの。

(iii) 自発的情報交換 (spontaneous information exchange)

ある締約国が知り得た情報の中で、別の締約国が関心を持つであろう情報を、自発的に別の締約国に知らせるもの。

日本は、長らくこの条約に未署名で、主要7か国のうち唯一、同条約に加盟していませんでしたが、国際的な脱税と租税回避行為に適切に対処していくことを目的として、2011年11月3日、G20のカンヌサミットにおいて税務行政執行共助条約と改正議定書に署名し、その後の国内手続を経て、2013年10月1日に発効しています。

なお、税務行政執行共助条約と改正議定書が適用される日本の租税は次のものとされています。

(徴収共助については、以下の1、2、4について実施。)

1. 所得税、法人税、復興特別所得税、復興特別法人税、地方法人税
2. 相続税、贈与税
3. 地価税
4. 消費税
5. 酒税、たばこ税、たばこ特別税、揮発油税、地方揮発油税、石油ガス税、航空機燃料税、石油石炭税
6. 自動車重量税

7．登録免許税、電源開発促進税、印紙税、地方法人特別税

▼ミニマムスタンダードとモニタリング

2016年以降、BEPSは従来の行動計画策定段階から、実施段階に移行しており、この中では以下の内容を中心としてその実施がなされつつあります。

① 各国における実施状況のモニタリングとレビュー
② 継続的検討が必要とされる課題についての取り組み
③ 開発途上国を含む幅広い国と関係機関の協調による枠組みの構築

この中で、①各国における実施状況のモニタリングとレビューについては、BEPS行動計画においてミニマムスタンダード（最低限遵守すべき基準）として示されている以下の内容にかかわるモニタリングの実施を皮切りに進められることになっています。

ここでは、BEPS包括的フレームワークを通して、OECD加盟国とアソシエイト諸国がピアレビュー方式により各国の優遇税制のレビューを実施し、各国の優遇税制にかかわる審査を行い公表していくことになっています。

ＢＥＰＳ行動計画ミニマムスタンダード

ＢＥＰＳ５　有害税制対応

【優遇税制の審査と情報の透明化】

①　有害税制の判定方法についての合意された方法による判定

②　有害税制についての把握と国際間での情報の交換

ＢＥＰＳ６　租税条約濫用の防止

【租税条約濫用の防止にかかわる租税条約の改正】

①　租税条約のタイトル・前文に、租税条約が、租税回避・脱税（濫用を含む）を通じた二重非課税または税負担の軽減の機会を創出することを意図したものでないことを明記すること

②　租税条約に、一般濫用防止規定として、主要目的テスト（Principal Purpose Test：PPT）、主要目的テストと簡易的特典制限条項（Limitation on Benefit：LOB）、特典制限条項と導管取引防止規定（限定的主要目的テスト）のいずれかが規定されること

ＢＥＰＳ13　移転価格関連の文書化

【国別報告書の実施】

国別報告書作成に係る国内法制の整備および内容についての国際間での共有とその適切な使用

BEPS14　紛争解決メカニズムを効率化

【相互協議を効率的に運用するための措置の実施】

① 相互協議手続の誠実な実施と事案の適時解決のための措置

② 租税条約上の紛争の予防及び適時解決に資する行政手続の確保のための措置

③ 納税者による相互協議へのアクセスを確保するための措置

情報交換の枠組みは？

これまで述べてきたとおり、国際税務においては、従来の国際的二重課税だけでなく、租税回避防止を目的とした情報交換や国際的二重非課税への対応も主要な役割となっており、これらの新たな目的への対応がＢＥＰＳプロジェクトとして進められています。

この中で情報交換については、国際的に合意された税務上の情報交換の基準としてＡＥＯＩとＥＯＩＲと呼ばれる２つのものがあり、また、ＡＥＯＩを前提とした執行面での基準としてＣＲＳが設けられています。

▼ AEOI（Automatic Exchange of Information）

ＡＥＯＩとは、自動的情報交換にかかわる基準であり、基本的に米国におけるＦＡＴＣＡと同様の仕組みを多国間協定の枠組みとして導入することを目的としたものです。

ただし、ここでの報告対象は非居住者となります。

ここでは、各国が国内法を整備し相手国の請求がなくても自動的に報告できるようにすることを想定しており、納税者本人の属性や納税者番号、口座残高や年間受取総額などの報告が必要なため、番号を含めた本人確認手法を確立すると同時に、各国の国内法の整備なども必要となります。

▼EOI-R（Exchange of Information on Request）

ＥＯＩＲは、要請に基づく情報交換にかかわる基準であり、基本的にＴＩＥＡｓ（情報交換協定）と二国間モデル租税条約第26条に基づく情報交換についての基準であり、Ｇ20とＯＥＣＤにより進められています。

さらに、この基準の中では、情報交換の実施状況にかかわるレビューについての基準も定められています。

▼CRS（Common Reporting Standard）

日本語で「共通報告基準」と呼ばれるもので、自動的情報交換（ＡＥＯＩ）の対象となる非居住者の口座の特定方法や情報の範囲等を各国で共通化することを目的とした国際基準です。

これにより、金融機関の事務負担を軽減しつつ、金融資産の情報を各国税務当局間で効率的に交換し、外国の金融機関の口座を通じた国際的な脱税および租税回避に対処することを可能とするとしています。

▼FATCA（Foreign Account Tax Compliance Act）

情報交換については、前述のような枠組みによりその推進がなされていますが、こうした動きになるそもそもの発端は、２００８年に米国と欧州各国を巻き込む一大スキャンダルとなったＵＢＳ事件です。

これを契機として、銀行情報の機密性が脱税の温床として使用されることに対する国際的な批判が巻き起こりました。

これを受けて２０１０年米国は独自にＦＡＴＣＡ（Foreign Account Tax Compliance Act）を打ち出し、各国の金融機関に対して対応を迫るようになりました。

ＦＡＴＣＡとは、日本語で「外国税務コンプライアンス法」と呼ばれるもので、２０１０年3月に成立した米国の法律であり、米国ＩＲＳ（内国歳入庁）が米国から見た外国金融機関（Foreign Financial Institution：FFI）に対して米国人口座情報の提供を求めるものです。

ＦＡＴＣＡそのものは米国国外に対して直接の法的強制力はないものの、ＦＡＴＣＡの要求する口座情報の提供を行わない外国金融機関（ＦＦＩ）に対しては、その米国源泉所得について懲罰的源泉課税（税率30％）を課すものとされているため、米国と取引のある多くの外国金融機関（ＦＦＩ）は懲罰的源泉課税を免れるために、ＦＡＴＣＡに対応せざるを得ない状況となっています。

その後、各国がＦＡＴＣＡへの対応について米国と合意したことを背景として、２０１２年に、ＯＥＣＤは、多国間と二国間の自動的情報交換に関する国際基準の策定に着手し、２０１３年9月のＧ20首脳会議において、ＯＥＣＤによる国際基準の策定を支持するとともに、２０１４年中ごろまでに自動的情報交換の技術的様式を完成させることとしました。

さらに、税の透明性と情報交換に関するグローバルフォーラムに対して自動的情報交換の新国際基準実施の監視とレビューにかかわるメカニズムの確立を要請することとなりました。

その後、2013年11月に同グローバルフォーラムにおいて、国際基準による自動的情報交換に関する相互審査を実施することについての合意がなされました。さらに、2014年1月にはOECDの租税委員会がCRSを承認し、同年2月にG20財務大臣・中央銀行総裁会議においてこれを支持することが表明されました。

多国籍企業の実効税率って？

▼実効税率とは？

実効税率という言葉は、税法上明記されている税率（表面税率と呼ばれます）に対して用いられる概念であり、その意味は使用される文脈により多少異なっています。

例えば、一般に使用される実効税率という用語には、いわゆる法定実効税率を意味する場合が多いのですが、ここでは、地方税が法人税の計算上損金に算入されることから、税務上の利益に対して計算される実際の税負担額が、単純にその利益に国税と地方税の税率を合算した表面税率を掛け合わせたものと異なることから生じるものです。

▼国ごとの実効税率

多くの国において国税と地方税が区分して設けられていることから、この法定実効税率は、各国ごとに国税と地方税を合わせた実際の税負担を示す指標となっています。

また、国によっては、中国のように表面税率と法定実効税率が同様である国もあります。

この法定実効税率を国ごとに比較した場合には次頁グラフのようになります。

各国ごとの法定実効税率の比較

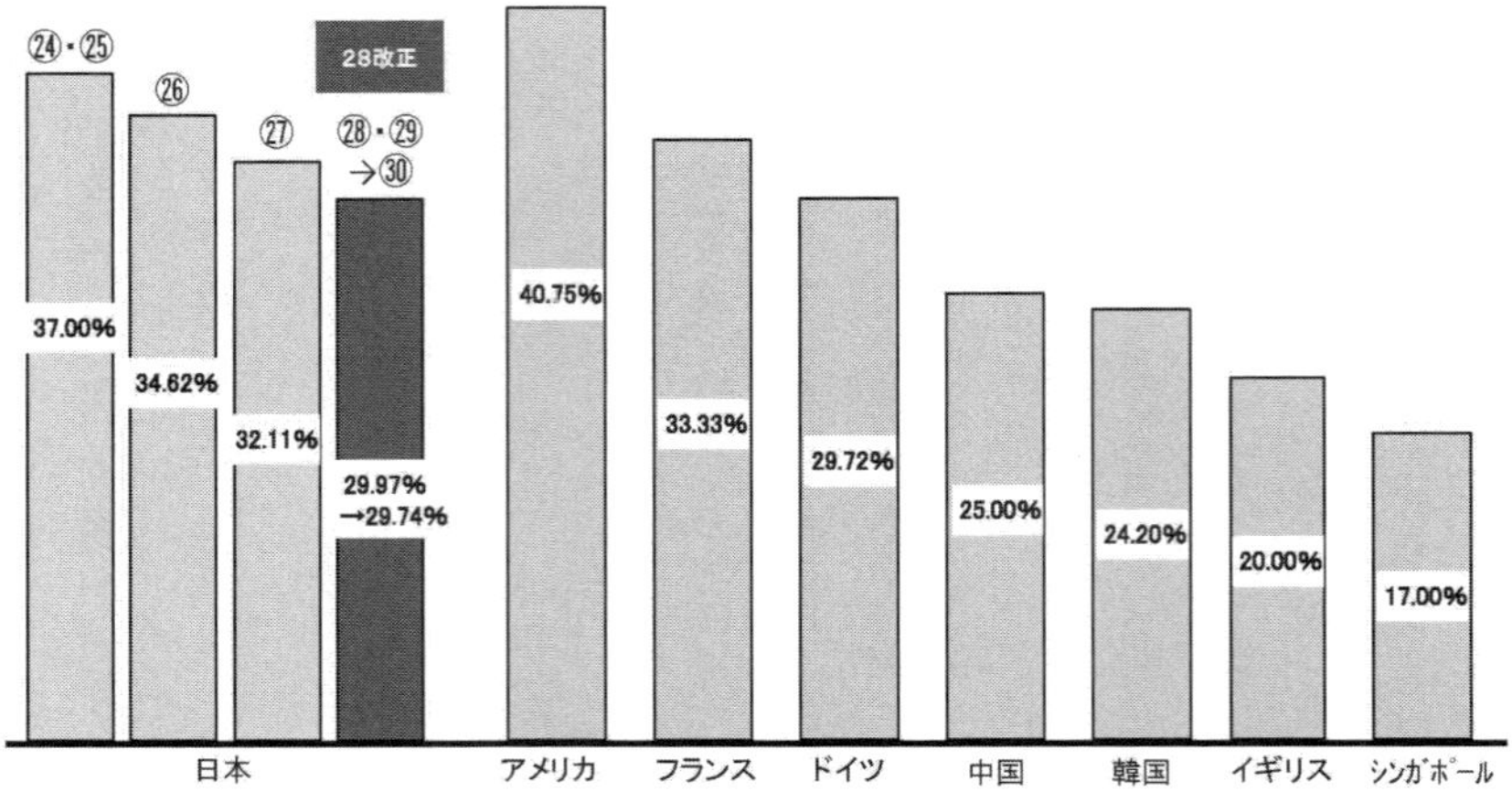

（出典：財務省ホームページ　http://www.mof.go.jp/tax_policy/summary/corporation/084.gif）

上に見られるように、法定実効税率だけを見た場合には欧米の税率は高く、世界的に見て日本の税率も決して高い税率とは言えないものとなってきていることがわかります。

▼企業の実効税率

実効税率とは、何らかの差異を原因として、実際の税負担割合が表面税率と異なる場合の税率をいいます。

上述の法定実効税率は、地方税が国税において損金算入されることから発生する差異を原因としていましたが、いわゆる企業の実効税率とは、財務諸表上の税引前利益と、現実に税率が適用される税務上の利益の間に差異があることを原因として計算される税率といえます。

話は少しややこしくなりますが、厳密には、次のことを押さえておかなければなりません。

① ここで適用される税率とは、法定実効税率である。

② ここでいう税務上の利益とは、会計上の利益に対して永久差異についてのみ調整を行った永久差異調整後利益である。

後者については、税効果会計の適用を前提として、一時差異に基づく税額負担については、繰延税金資産または繰延税金負債として計上されることから、会計上の損益計算書における税額には影響を与えないことにより生じるものです。

つまり、会計上計算された税引前利益と、会計上の利益に税務上の永久差異について調整を行った永久差異調整後利益に上述の法定実効税率を乗じた金額との割合が、企業の実効税率と呼ばれるものになります。

したがって、一般にいわれる企業の実効税率とは実際に企業が支払う税金と会計上の利益の割合をいうものではなく、企業が実際に支払う税金に一時差異にかかわる税負担部分を調整した金額と会計上の利益との割合をいうものです。

このことは、仮に一時差異にかかわる税負担が非常に重かったとしてもいわゆる企業の実効税率には何ら影響を与えないものとして表示されることを意味しています。

▼タックス・プランニングの効果

すなわち、タックス・プランニングの効率性については、企業の実効税率の大小（厳密には法定実

米国IT企業（2013年度）の実効税率

会社	法定実効税率	実効税率（実際負担率）	乖離度
A社	35%	15.7%	19.3%
B社	35%	26.2%	8.8%
C社	35%	19.2%	15.8%

日本自動車産業企業（2013年度）の実効税率

会社	法定実効税率	実効税率（実際負担率）	乖離度
D社	38%	39.3%	△1.3%
E社	38%	25.5%	12.5%
F社	38%	36.6%	1.4%

（出典：米国、日本年度報告書（有価証券報告書）より引用作成）

効税率と企業の実効税率との乖離度合い）や繰延税金負債あるいは繰延税金資産計上額の多寡の双方により判断されるべきものであり、単純に企業の実効税率が低いというだけでなく、法定実効税率と企業の実効税率の差異が大きければ大きいほど（厳密には法定実効税率に比較して企業の実効税率が低ければ低いほど）、タックス・プランニングが効率的になされているものとして理解できるといえます。

さらに、これに加えて、繰延税金資産の計上額が少なければ少ないほど、また、繰延税金負債の計上額が多ければ多いほどタックス・プランニングが効率的になされているものと理解できます。

▼企業の実効税率はこれほど低い

以上の内容を前提に、米国や日本の法定実効税率と実査の負担率は上のとおりです。

ここでは、確かに世界を代表する米国企業の実効税率が低いことがわかります。税率の極めて低いま

中国電気製品企業（2015年度）の実効税率

会社	法定実効税率	実効税率（実際負担率）	乖離度
G社	25%	13.8%	11.2%
H社	25%	15.1%	9.9%
I社	25%	15.1%	9.9%

（出典：中国、香港年度報告書（有価証券報告書）より引用作成）

たは優遇税制の極めて豊富な国々において多額の利益を計上することがなければ、これだけの実効税率低減は難しいものといえるでしょう。

中国企業における実効税率

ここで、中国を見てみましょう。中国企業の税負担率は米国企業とほぼ同水準にあるといえます。

ただし、上述のとおり、現実には米国企業の法定実効税率が35％であり、中国の法定実効税率25％に比較して10％ほど高いことや、これらの中国企業に対する中国国内本土における優遇税制の適用、さらには、中国企業においては繰延税金資産および負債がほぼ計上されていないこと等を考慮に入れた場合には、中国企業のタックス・プランニングの効率性は決して米国企業ほど高いものではないとも考えられます。

BEPS行動計画11で指摘される内容

ＢＥＰＳでは、多国籍企業による国際的な税制の隙間や抜け穴を利用した租税回避行動についての具体的把握についての議論を行っており、これらの指標の１つとして企業の実効税率が分析されています。

ここでは、ＢＥＰＳの問題が現実に社会全体で発生していること、ＢＥ

PS行動計画の実施内容が社会全体において有効に機能しているのかについての把握が目的とされています。

具体的に、BEPS行動計画11においては、このような本質的な問いかけについて、明確な回答とはいかないまでも、現時点における考え方が示されており、企業の実効税率との関連からは以下の指標による分析があげられています。

① グループ全体の利益率との比較における低課税国の多国籍企業関連者の利益率の比較

低課税国に所在する多国籍企業関連者の利益率は、そのグループ全体の平均利益率の2倍とのこと（これらの内容は連結ベースでの法定実効税率を効率的に低減させる効果を有しており、前述の乖離度を大きくすることに貢献しているものといえます）。

② 独立的国内企業との比較における大規模多国籍企業の実効税率

大規模多国籍企業の実効税率は国内事業だけを行う類似企業より、4～8・5％低いとのこと（これについても、企業の実効税率を法定実効税率から効率的に低減させる効果を有しているものといえます）。

それでは企業の連結ベースでの法定実効税率を低減させること、加えて、実効税率をさらに低減させることには、何か問題があるのでしょうか。

この疑問に対する回答には、まさに、英国議会決算委員会におけるマーガレット・ホッジ委員長（当時）による“We are not accusing you of being illegal, we are accusing you of being immoral.”

（われわれはあなた方に対して、違法な行為を行っているものとして責めているではなく、あなた方の非道徳的行動について責めているのです。）という発言を引合いに出すことが適当といえるでしょう。

すなわち、これはもちろん非難のための発言といえますが、それと同時に裏を返せば、制度的には何ら問題とされる行為は行っていないということを意味しているともいえます。

つまり、ＢＥＰＳ行為自体に問題があるとは言い難いといえ、その本質的問題はむしろ、今までのシステムが急速に瓦解していくことにあるといえるのです。

税収指標の瓦解とイコールフッティングの欠如

これは主にこれまでの税収指標の瓦解とイコールフッティングの欠如にあるといえます。

まず、税収指標の瓦解とは、これまで経済発展の指標となってきた企業の発展（利益計上）が国家の税収と何ら関係を有さなくなりつつあり、現実に、世界の多くの国が投資誘致目的で法人税率の引き下げ競争を呈している状況の中で、法定税率の低減は直接的な意味を有さず、かつ、企業誘致にも税収確保にも何ら確かな効果を有さないものとなりつつあることをいうものです。

さらに、イコールフッティングの欠如とは、これらのＢＥＰＳを利用する企業の規模や影響力が極めて大きいこともあり、今後ますます多くの企業が同様の行動様式を取ることになると予想されており、そうなった場合には、一部の国際企業だけが税負担を回避することは、課税の根本原則である課税の公平性を大きく損なうものであり、社会における適正な競争が阻害されるとともに、税システムに対する信頼が大きく揺らぐことになりかねないというものです。

その上で、これらの税負担回避の当事者が、世界的影響力を有する巨大多国籍企業であった場合には、経済的に不利な立場の人々の間で社会的不満が高まることも考えられ、従来の納税者からの徴税についても困難となる可能性があります。

▼今後の日本企業の実効税率

前述のように、日本企業の実効税率は、法定実効税率という意味においても、さらに、この法定実効税率と実際の実効税率の比較という意味においても、高いものといえるでしょう。

これには日本人の文化的要素や株主の発言権が比較的弱いこと、国際税務にかかわる歴史の浅さ等さまざまな要因があると思われますが、結果的には、現金支出を伴う税負担が大きいことによる企業価値の毀損や、国際的な競争力の阻害要因となっていることは事実であると考えられます。

今後はますます多くの企業が税負担低減に向けたタックス・プランニングを導入していくものと予想され、さらに、それによる税負担減少の余地は、日本企業では他国企業と比べて大きいともいえるでしょう。

しかし、同時に、それに呼応して日本の税収が減少するものと考えられることから、これをどのように食い止めるかについては、他の欧米諸国よりも逼迫した問題として捉えられます。

おそらく、日本として一番望ましい方策は、ＢＥＰＳ対応を進めることにより、自国の課税権を確保するだけでなく、他国企業のそれぞれの国における税負担を増加させることにより、これまでのような日本企業の税負担におけるディスアドバンテージを解消させることといえるのではないでしょうか。

プラトンの言葉

“Where there is an income tax, the just man will pay more and the unjust less on the same amount of income.（所得に対する税というものがこの世にある限り、正義の者は多くを支払い、正義でない者は少ないもの支払う）” —Plato

ソクラテスの弟子にして、アリストテレスの師に当たる西洋を代表する偉大なギリシャの哲学者であるプラトン（英語名：Plato）が約２４００年前に述べたこの言葉は、ＩＲＳ（米国内国歳入庁）のウェブサイトに掲載されているものです。

今まさに、数千年の時を経て、ようやく世界各国は本格的にこの古くて新しい問題に取り組もうとしているといえるのかもしれません。

BEPSで大きく？　変わる移転価格の文書化

文書化を見る2つの観点

☑従前の移転価格税制からの観点

ここでの移転価格税制とは、狭義の移転価格税制である関連企業間取引税制のことです。したがって、文書化についても、課税所得の調整またはその必要性の判断を目的としたものとなります。

まず、ここでは、課税当局側から見た（狭義の）移転価格税制の執行にかかわる手法の変遷を概観してみましょう。

そもそも、企業外部からは、企業が関連企業取引を行っているかどうかはわからないことから、当初課税当局は、納税者の申告に際して、関連企業リストを含めた関連企業間取引申告書を提出させることにより、これに基づき判断し、必要に応じて税務調査を行うものとしていました。

しかし、税務調査を行うには、専門の人員等の課税当局側の資源に限界がある上に、実際に調査を開始した場合においても、企業側にそもそも移転価格税制とはどういったものであるのかの説明も含めて、必要となる情報や資料を準備させるだけで多大な労力と時間を要することとなりました。したがって、効率的な執行方法について、見直しが必要とされました。

これを受けて、事前確認（ある固定的期間における関連企業間取引にかかる価格決定に対する合理的な基準を課税当局と納税者の間で事前に決定する取り決め）が設けられることになりました。

ここでは納税者側が進んで課税当局に対して自らの価格決定にかかる情報を開示して、事前協議を行うことから、課税当局側としてはすでに企業側で準備された資料を基に検討を行うこととなり、上述の調査対象企業の選定および資料準備という作業が解消されることになります。

しかし、ここでも、現実には、納税者側が自ら進んで課税当局に対して情報開示を申し出るという行為は、二国間事前確認等の特定のケースを除き、あまり一般的なものとはならず、やはり従来どおりの税務調査を主とする移転価格税制執行が主流を占め、さらに何らかの効率的方法が求められるものとなっていました。

そこで登場したのが、同時文書化（関連企業間取引にかかる情報の納税者側による書面化）という手法です。ここでは、原則として納税者は課税当局に対して資料を提出することを要しません。さらに、課税当局としては調査対象企業の選定という作業は残りますが、移転価格調査にかかわる資料の準備については大きく労力が解消されることとなり、また、企業自らが事前に分析を行うことから不合理な恣意的移転価格の設定について自制が働くという効果もあると考えられています。

このように、従来の同時文書はあくまで移転価格にかかる税務調査を前提としたものであり、それ以外の情報が含まれることは想定されておらず、かつ、課税当局への提出義務は原則としてないものとなっていました。

☑BEPSの立場からの観点

一方で、多国籍企業による国際的な税制の隙間や抜け穴を利用した租税回避をＢＥＰＳの本質と捉え、これを防止するために、今までとは異なる対応や情報が必要とする立場が存在しています。

この背後にあるアイデアは、自国内においては強力な権限を有する課税当局も、その租税高権という性質から、自国外ではそのような権限が全く通用しないものとなり、極度に多国籍化した企業を相手にした場合には、一国の課税当局として有する情報量には限界があることから、十分な対応が図られていなかったというものです。

そこで、多国籍的情報について、企業側に提供することを義務づけると同時に、多国間でこれらの情報を共有できる仕組みを作り上げようとしました。

ここでは、まず、どこにどれだけの利益や税金を計上しているのかというＢＥＰＳの本質にかかわる事項がその対象とされており、今後、実際の運用状況に合わせてその範囲が調整されていくことが予定されています。

したがって、ここで得られる情報は必ずしも従前の狭義の移転価格税制の枠組みに絞られるものではなく、ＢＥＰＳ対応の観点から、幅広く有効な情報について収集や交換されることが想定されています。

☑BEPSにおける同時文書の目的

BEPSにおける同時文書の目的とは、次のようなものとされています。

■納税者の適切な移転価格税制コンプライアンス確保
■税務当局への移転価格リスク評価のための情報提供
■税務当局への移転価格調査のための情報提供

また、作成文書には、次の3層構造アプローチと呼ばれる3種類の資料が含まれます。

■マスターファイル：グローバルビジネスの全体像
■ローカルファイル：個別取引の情報
■国別報告書：グローバル利益・税額の国別配分

この中でBEPS対応の観点から新しく設けられた文書が国別報告書であり、2016年1月1日以後開始事業年度から、前年連結売上750百万ユーロ以上の企業グループに対してその作成と課税当局への提出が求められ、また、課税当局側は自動的情報交換によりこれらの情報を共有することが求められています。

☑各文書の提出先

マスターファイル→現地税務当局

ローカルファイル→現地税務当局
国別報告書→親会社所在国の税務当局

☑各文書の提出期限

各国の規定に従うものとしつつ、ＯＥＣＤでは以下の期限が推奨されています。

マスターファイル：親会社の申告書提出期限
ローカルファイル：現地国の申告書提出期限
国別報告書：親会社の事業年度末から１年後

▼日本への同時文書の適用

☑平成28年度税制改正

以上のようなＢＥＰＳの提言内容を受け、日本においては、平成28年度税制改正により平成29年４月１日以後に開始する事業年度から新しい文書化制度が実施されることになりました。

☑従前の日本における移転価格文書

改正前の日本の制度においては、移転価格調査の際に、以下の２種類の書類の提示または提出が求められていました。

■納税者が行う国外関連取引の内容を記載した書類

■納税者が使用した独立企業間価格を算定するための書類

ここでは、調査において納税者に書類の提供を「遅滞なく」行うことを求められるのみで、毎期一定の期限までに作成や保全をしておく義務は存在していませんでした。

☑改正後の日本における移転価格関係文書

平成28年度税制改正により、新たに特定多国籍企業グループの条件に当てはまる企業について「多国籍企業グループが作成する文書」の作成と提出が規定されることになりました。

【多国籍企業グループが作成する文書】

① 作成義務者：特定多国籍企業グループ

多国籍企業グループ（企業グループの構成会社等の居住地国が二以上あるもの）のうち直前会計年度の連結総収入金額が1000億円以上のもの

② 作成する文書：次ＡＢＣの3文書

また、従来の同時文書についても、原則として、その作成や保全が義務づけられるようになりました。

A：事業概況報告事項（マスターファイル）

▶提供義務者：特定多国籍企業グループの構成会社である内国法人または恒久的施設を有する外国法人
▶報告項目：
特定多国籍グループの
◦組織構造
◦事業の概況
◦無形資産の状況
◦資金調達の方法
◦財務の状況
▶提供期限：最終親会計年度終了の日から１年以内
▶適用開始：平成28年４月１日以後に開始する最終親会計年度

B：国別報告事項（C by Cリポート、or 国別報告書）

▶提供義務者：内国法人である最終親会社または代理親会社
▶報告項目：
構成会社等の事業が行われる国または地域ごとの
◦収入金額、税引前当期利益、納付税額、発生税額、資本金の額、利益剰余金の額、従業員の数、有形固定資産の額
◦構成会社等の名称等、主要な事業の内容
◦上記事項について参考となるべき事項
▶提供期限：最終親会計年度終了の日から１年以内
▶適用開始：平成28年４月１日以後に開始する最終親会計年度

C：最終親会社等届出事項

▶提供義務者：特定多国籍企業グループの構成会社である内国法人または恒久的施設を有する外国法人
▶届出項目：
最終親会社等及び代理親会社の
◦名称
◦本店または主たる事務所の所在地
◦法人番号
◦代表者の氏名
▶提供期限：最終親会計年度終了の日から1年以内
▶適用開始：平成28年4月1日以後に開始する最終親会計年度

【国外関連取引を行った法人が作成する文書】

① 作成義務者：国外関連取引を行った法人
② 作成書類：独立企業間価格を算定するために必要と認められる書類（ローカルファイル）
（＝租税特別措置法規則第22条の10第1項各号に掲げる書類）
(i) 納税者が行う国外関連取引の内容を記載した書類
(ii) 納税者が使用した独立企業間価格を算定するための書類
③ 作成期限：確定申告書の提出期限
④ 保存期間：確定申告書の提出期限の翌日から7年間、国内事務所で保存
⑤ 同時文書化義務の免除：当該一の国外関連者との間の前事業年度の取引金額が50億円未満、かつ、当該一の国外関連者との間の前事業年度の無形資産取引金額が3億円未満である場合

これらの「国外関連取引を行った法人が作成する文書」につ

いては、原則として提出は求められていませんが、調査においてこれらの書類の提示等は求められた場合には、45日以内の調査官の指定する日に提示が必要とされ、また、独立企業間価格を算定するために重要と認められる書類について調査官が提示等を求めた場合について、60日以内の調査官の指定する日に提示が必要されていることから、現実に作成し、保全しておくことが必要になります。

パナマ文書って？

２０１６年に世界的に話題となったパナマ文書は、ＢＥＰＳと結構深い間柄？　です。当時、世界中のメディアが毎日のように取り上げていたものの、そのほとんどは、国家首脳の近親者、スポーツ芸能人の名前がパナマ文書にあがっているということを報道するのみで、その問題の本質を伝えるものはほぼなかったことを記憶されている方も多いと思われます。

ここでは、当時パナマ文書が提起していた問題の本質について、ＢＥＰＳとの関係で捉えてみたいと思います。

パナマ文書とは、そもそもパナマの法律事務所モサック・フォンセカ（Mossack Fonseca）によって作成された、租税回避行為に関する一連の機密文書です。

文書の内容には、１９７０年代からのオフショア金融センターを利用する21万４０００社に上る企業やその株主、取締役などの詳細な情報が含まれており、総数は１１５０万件に上ります。合計２・６ＴＢ（テラバイト）に及ぶこれらの情報が匿名で２０１５年にドイツの新聞社『南ドイツ新聞』に漏らされた後、ワシントンD.C.にある国際調査報道ジャーナリスト連合（ＩＣＩＪ）にも送られ、世界各国の報道機関に所属する約４００名のジャーナリストが、この文書の分析に加わり、２０１６年に公開がなされたといわれています。

これらの企業の関係者には、多くの著名な政治家や富裕層の人々がおり、アイスランドでは当時の首相がタックス・ヘイブンを利用した資産隠し疑惑により辞任することとなり、また、英国においても「租税回避地を使った脱税は許さない」と発言していた当時の首相に疑惑が生じ、「ＥＵ残留派」であった与党の求心力低下をもたらしたことにより、「ＥＵ離脱派」の勢いが強まったともいわれています。

▼そもそもパナマとは？

パナマとは、地理的には、大西洋と太平洋を結ぶパナマ運河で有名な中央アメリカに所在するパナマ共和国をいいます。

☑オフショア金融センター＆タックス・ヘイブン

ここでのパナマは、オフショア銀行、オフショア企業、船舶の登録、パナマ信託や基礎の形成を含む幅広い金融サービスを提供する代表的なオフショア金融センター（Offshore Financial Center：OFC）であることを意味しています。

同時に、オフショア企業に課される税金がなく、オフショア企業と企業の所有者は、贈与税を含む法人税、源泉税、所得税、キャピタルゲイン税、地方税と相続税が免除されるいわゆるタックス・ヘイブン（Tax Haven：「Haven」（回避地、聖域）であり「Heaven」（天国）とは異なります）地域であることを意味しています。

これらの特徴を持つ地域としては、他にＢＶＩ（British Virgin Islands）やケイマン諸島等が有名といえるでしょう。

☑金融プライバシー

また、パナマにおいては、企業や個人の金融プライバシー保護のために確立された法令が存在しており、厳格な守秘義務の法律や規制が、機密性の違反に対する民事や刑事罰として、オフショア法人、信託や財団の情報に適用され、また、企業の株主の名前は、公的に登録する必要はなく、パナマの銀行はオフショア銀行口座や口座保有者に関する情報を共有することが禁じられています。

☑オフショア金融センターとタックス・ヘイブンの相違

タックス・ヘイブンは、強国に囲まれた小国または大陸から離れた小さな島国など独自の産業を有しない地域が、自国以外の多国間貿易の拠点となるために発達させた制度といわれ、次第に、唯一の産業をより促進するために国際的取引を優遇する法制度を整備することにより、オフショア金融センターとしての発展を遂げてきたものといわれています。

「タックス・ヘイブン」という用語は、その定義が曖昧であることもあり、しばしば「オフショア金融センター」についても用いられ、これらの概念は混同されがちです。

厳密には、タックス・ヘイブンは「課税が著しく軽減あるいは完全に免除される国または法域」、オフショア金融センターは「その内部経済の大きさや、これに対する資金調達には不釣り合いな規模で非居住者に対する金融サービスを提供する国または法域」と定義することができ、例えば、香港、シンガポールはタックス・ヘイブンではないオフショア金融センターとして、また、バヌアツ等はオフショア金融センターではないタックス・ヘイブンといえるでしょう。

ただ、実務的には両者ほぼ同様の意味で使われることが多く、このことは、お金持ちであればあるほど、お金を持っていることを知られたくないし、かつ、税金も払いたくなくなるというような、しごく自分勝手ではありながらも誰もが持っている感覚からして、理解できるのではないでしょうか。

▼パナマ文書に問題はない？

パナマ文書とは、これらのパナマの制度的特徴により秘匿性が守られてきた情報を公衆の面前に曝《さら》け出したものといえます。

しかし、このことは、それだけを見れば税務上何らかの問題があるというものではありません。これは、パナマ文書がもともとパナマにおける大手法律事務所の資料であり、少なくともパナマ法域においては法律的に違法と呼べるものではないことからもわかるでしょう。

それでは一体何が問題となっていたのでしょうか？

☑ＢＥＰＳの流れと銀行情報開示の流れ

この問題を理解するためには、近年、税務目的を含む国際的な情報の透明性や交換性に対する要請が著しく高まっていることについて理解する必要があります。

この要請には、大きく分けてＢＥＰＳの流れと、銀行情報開示の流れがあるものといえ、前者は各国間の課税権調整を主要目的とするのに対して、後者は、情報を各国で交換し、その透明性を高めることにより、税制だけでなく、それ以外の不正、テロ資金、マネーロンダリング等の防止をも含めて広く目的とするものである点において異なっています。

ただし、これらは相互に密接な関係を有し、各国政府や国連、ＯＥＣＤ、ＥＵ等の国際組織は協力して、これらの問題に取り組んでいます。

☑国際的な情報交換や透明化のための取り組み

タックス・ヘイブン地域に代表されるオフショア金融の利用については、２０００年以降、税制面からだけでなく、不正資金、テロ資金、マネーロンダリング等の温床となることへの可能性から批判がなされるようになりました。

とりわけ、２００７年に発生した世界金融危機の際には、この秘匿性により金融取引の実態を把握することが困難となり、それぞれの金融機関の損失額が不明瞭化し、さらなる信用リスク悪化をもたらしたものとして強く批判がなされました。

さらに、２００８年には米国と欧州各国を巻き込む一大スキャンダルとなったＵＢＳ事件の発生により、銀行情報の機密性が脱税の温床として使用されることに対する国際的な批判がさらに高まり、２００９年にＧ20各国首脳は共同声明において「The era of bank secrecy is over.（銀行秘密の時代は終わった。）」と宣言するに至りました。

これらを受け、いち早く米国は２０１０年に独自にＦＡＴＣＡを打ち出し、各国の金融機関に対して対応を迫るようになりました。

その後、各国がＦＡＴＣＡへの対応について米国と合意したことを背景として、２０１２年ＯＥＣＤは、税務行政執行共助条約、多国間と二国間の自動的情報交換に関する国際基準やＣＲＳ（共通報告基準）を策定するものとなり、２０１４年には、Ｇ20財務大臣・中央銀行総裁会議がこれらを支持するものとなりました。前述の「情報交換の枠組み」で述べたとおりです。

以上のように、銀行情報の秘匿性を有する地域に対する世界各国からの情報開示の圧力が近年著しく高まっており、これを受けて、タックス・ヘイブンと呼ばれる法域についても、租税情報交換協定の締結数は格段に増加することになっていました。

しかし、このような流れの中でも、パナマは、依然として情報交換に極めて非協力的な国とされており、Ｇ20、ＯＥＣＤ等の首脳からも継続的な批判がなされてきていました。

▼パナマ文書が変えた？　情報交換の枠組み

このような世界的情勢の中で、パナマ文書は、パナマ等の地域に対して批判を行っているＧ20の首脳自身が、その裏では個人的にパナマ等の地域を利用していたという事実を白日のもとに曝《さら》け出したということに意義があり、この誠実性の欠如に対して各国国民やメディアの批判が集中したといえるのです。

これを受けて、パナマ文書に名前が登場した各国首脳等に対する批判だけでなく、世界各国が国際的情報の交換や透明性にかかわる取り組みに、より一層力を入れていくものとなっており、このことは金融機関だけでなく、われわれ企業や個人レベルにおける国際的取引についても、急速にさまざまな情報開示にかかる要請がなされていくことを意味します。

このように、世界各国が協力して、銀行情報の機密性への対応を図ってきた中で、パナマ文書はこれまでの努力がいかに無意味であったのかということを証明した結果となったことから、今後、各国がこれらの対応により力を入れることは必至であり、パナマだけでなく、ほぼすべての世界各国が情報の透明化に向けた強力なプレッシャーを受けることとなったことは間違いありません。

例えば、パナマ、バヌアツ、レバノン等の以前から強い批判を受けてきた地域は今後これらの機密性を正当化することは難しくなり、唯一の国際競争力であった機密性という商品を失うことにより、経済社会として大きな痛手を負うことになるでしょう。

また、今回の件で、イギリスは海外の税金も含めて脱税の促進を回避することができなかった場合に、犯罪として取り締まる政策を制定するものとしています。

将来的にこれらの動きが、社会にどのようなインパクトをもたらすことになるかについてはまだ予想することが難しいですが、いずれにしても、既述の情報交換の枠組みを通して、国際的な情報の透明化への取り組みが進められることになるでしょう。

また、最終的に、パナマは２０１６年10月に税務行政執行共助条約に１０５番目の国家／地域として参加し、その情報の透明性および国際的租税回避防止について、各国との協力を行うものとなっています。

中小企業にとってのＢＥＰＳ問題とは？

これまで、ＢＥＰＳについて、国際的な税制の隙間や抜け穴を利用した租税回避への対応であること、これらがグローバルなビジネスモデルを有し国際的に展開する多国籍企業によって行われているものとしてみてきました。

確かに国際取引といえば、以前は大企業のかかわるものと思われていましたが、今日では、個人事業者でも国際取引は決して珍しいものではなくなっています。

例えば、規模の小さな会社であっても、原材料をどうしても東南アジアからしか調達できないといった理由で、海外に代理店や販売製造拠点を有したりすることが珍しくはなくなってきています。

それでは、多くの中小企業の皆さんにとって注意すべきＢＥＰＳ問題にはどのようなものがあるのでしょうか？　また、その際には、どのような対策がとれるのでしょうか。

ここでは、中小企業の皆さんが国際取引に従事する中で、発生しやすい税務問題をランダムにピックアップしながら、それらとＢＥＰＳとのつながりについてみていきたいと思います。

中小企業であっても国際税務の観点から問題となることが多いと思われる事象には、次のようなものがあるといえます。

国外関連会社に対するサポート（人件費、経費負担、資金融通、海外寄附金の問題）

海外の現地法人に対して、日本の親会社が人件費や経費負担等のサポートを行うことはよくあることでしょう。

ましてや、中小企業が海外に拠点を有する場合には、その規模も小さいことが多く、最初から人的、経済的に独立して現地で利益を上げていくことは相当にハードルが高いものといえます。

したがって、多くの場合、日本親会社は何らかの形で海外現地法人をサポートすることになります。日本においても移転価格事務運営要領により、企業グループ内の役務提供取引にかかる取り扱いや国外関連者に対する寄附金の取り扱いが明確にされており、企業グループ内での役務提供について収益を受領していない場合には、これらの活動により発生した費用が損金としては認められず、国外関連者に対する寄附金として取り扱われることとなってしまいます。

これは、収益を生まずに費用支出のみが発生している状態といえ、この意味ではまさに“Base Erosion and Profit shifting”が起こっているものといえるでしょう。

ここでは、寄附金としての損金不算入による調整をあげていますが、仮にこのような取引を認識し収益を受領している場合において、その収益が不合理に低い場合には、移転価格税制としての適用を受けるものとなってしまいます。

したがって、ここでは、あたかも外国の第三者と取引をしているかのような問題意識を持って、厳密に対価を設定し、契約を締結することが必要になってくるものと考えられます。

さらに、ＢＥＰＳとの関連においては、ＢＥＰＳ行動計画10において、低付加価値グループ内役務提供について、関連して発生するコストの５％をマークアップとすることにより報酬額が計算できるものとされ、この際にはベンチマークによる分析は必要ないものとされています。

現実には、この簡易的ルールの適用については、そのために準備し、整備しておかなければならない文書化手続きが同時に存在しており、中小企業の皆さんの目から見て簡易的と呼べるものではないかもしれませんが、今後、世界的に経費に５％のマークアップという実務の流れが形成されていくことになるかもしれません。

☑輸入貨物評価（輸入税関申告価格評価にかかる関税と消費税調整）

まず、最初に、このお話は税関に関するものであり、一般の課税当局にかかわる話題とは少し異なりますが、関連企業間取引を対象とするという点では共通する部分も多いといえます。

輸入取引において、購入者と販売者が関連当事者である場合には、税関は輸入税関申告価格が公正価額であることについて調整を行うことができるものとされています。

この調整がややこしいのは、一般に移転価格税制と逆の方向に働くことです。すなわち、税関側は関税を多く徴収する方向（輸入価格を高くする方向）で調整を行おうとしますが、これを課税当局の立場から見ると、企業の原価が上昇しその分だけ課税所得が減少することを意味します。そのため、課税当局は輸入価格を低くする方向で調整を行おうとします。

さらに、多くの国において税関当局と課税当局との調整を図る制度が存在していないことから、極端な場合には同一の取引についてそれぞれ逆の方向に調整を受ける可能性があることになってしまいます。

これでは、国際的二重課税どころか三重課税といった目も当てられないような状況となってしまいます。この税関による調整は比較的高い関税率を有する発展途上国において発生することが多くなっています。

したがって、税率の高い国に所在する関係会社に財貨を輸出する場合の価格については、一般の市場価格を参考とする等、十分な注意を払っておく必要があるといえるでしょう。

これらをＢＥＰＳの観点から見た場合には、今回のＢＥＰＳ行動計画において、税務上の移転価格の中での無形資産の重要性がより強調されるようになりました。したがって、これまでは自社ブランド等について、関係会社ということでとりわけてロイヤリティを取得していなかったということが問題になっていなかったとしても、今後は、適切な料率に基づく請求が必要とされることとなるといえるでしょう。

また、税関上、「輸入貨物に係る取引の状況その他の事情からみて当該輸入貨物の輸入取引をするために買手により直接または間接に支払われる」ロイヤリティやライセンス料については、関税と輸入消費税算定の基礎となるため、輸入貨物評価において加算が必要とされています。

この観点からも、海外の関係会社との間に自社のブランドを有する製品の取引がある場合には、今

関税と移転価格税制の関係図

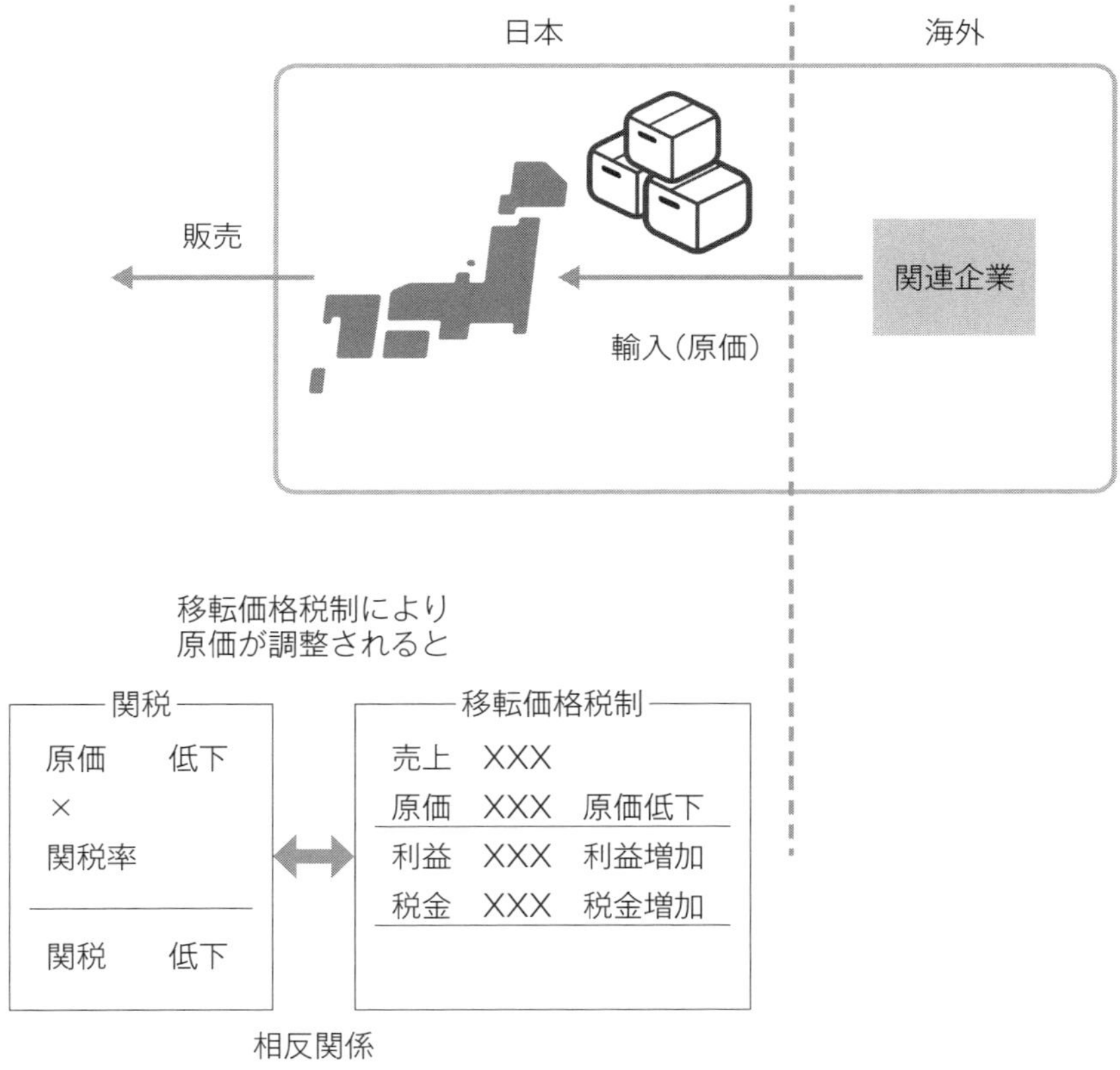

後、グループ会社だからといって契約を1つにまとめてしまうことなく、あたかも外国の第三者と取引をしているかのような問題意識を持って、厳密に契約を区分し、ロイヤリティを計算して授受していくことが必要になってくるといえるでしょう。

個人所得税

個人所得税については、一部の富裕層を除き、BEPSの直接の対象となっていません。しかし、BEPSの目的とする国際的情報交換の推進や国際的二重非課税の排除に向け、今後、各国における資産の状況と所得の把握が国際的に進められるものといえ、従来はあまり注意を払う必要がなかった個人所得税についても、これまで以上に税務上の問題として発生することとなる可能性が高くなるといるでしょう。

例えば、海外への長期出張に際して、現地で個人所得税を納めていなかった場合などに、日本で納めているから大丈夫といった間違った考えは今後通用しないものとなっていくでしょう。

さらに、近年のモビリティー（国際的移動）の進展により、とりわけ島国である日本においては問題とされにくかった個人に対する居住地の認定についても、今後紛争が発生してくる可能性が高まってきているともいえます。さらには、租税条約の範囲に含まれていないことも多い地方税にかかわる国際的二重負担についても、今後は、十分に注意しあらかじめ計算しておく等の具体的な予防策が必要となってくるといえるでしょう。

▼代理人、在庫管理人、出向者の派遣等（いわゆる人的ＰＥ）の問題

社会のグローバル化やボーダレス化は、大企業だけのものではなく、その流れは社会を構成するすべてのものに影響を与えているものといえるでしょう。また、決して少なくない数の個人事業者や中小企業がこれらのトレンドをビジネスの機会として捉え、海外に進出していることでしょう。

これらの企業の中には、海外に代理人等を設けて販売に従事させているものや、越境e-commerceに際して現地に在庫管理人を置いているもの、さらには海外の提携先に出向者を派遣している企業も多いでしょう。

第２部で詳しく解説するＢＥＰＳ行動計画７は、これまでの事業所得源泉地の判断基準であった恒久的施設（ＰＥ）の範囲を修正しており、このような企業の多くについて、影響を与えるものと考えられています。

具体的には、これまでは形式的にＰＥに該当せず、現地において納税を必要とされなかった活動についても、今回、その範囲が拡大されることに伴い、現地における納税義務が発生する可能性があります。

この変化により、従前より、さまざまな地域で問題となってきた海外現地法人への出向者に対するＰＥ認定（いわゆる人的ＰＥ）の問題についても、改めて問題となってくる可能性もあると考えられ

ます。

☑出向ＰＥ

多くの租税条約において、「外国企業が、他方の締結国内において使用人その他の職員（独立の地位を有する代理人を除く）を通じてコンサルタントの役務を提供する場合に、このような活動が単一の工事または複数の関連工事について12か月の間に合計６か月を超える期間行われるときに限り、当該国内に「恒久的施設」を有するものとされる」との規定が存在していることから、現地法人に派遣した出向者がこの規定に基づいて恒久的施設（ＰＥ）として認定されることをいいます。

また、恒久的施設としての認定を受けた場合には、当該恒久的施設に属する人員にかかわる短期滞在者免税の適用がなくなるものとされており、企業所得税だけでなく、個人所得税についても必ず現地において納付しなければならなくなることにも注意を払う必要があります。

このように、差し当たっては、多国籍企業を対象とするＢＥＰＳ問題への対応策ですが、その影響は徐々に、中小企業へ、そして社会のさまざまな分野に広がっていくものと考えられます。

したがって、２０１７年６月に行われたＢＥＰＳ対応による多国間協定への署名後、世界各国で発効することになるＢＥＰＳ対応の租税条約についても、まず最初に多国籍企業に対する影響が出てくるものと想像されますが、その後は、徐々に社会全体にもその影響が出てくるものといえるでしょう。

②

「BEPS」の具体的な像

城攻めにたとえれば、
①で「ＢＥＰＳ」の外堀を埋め、
②で本丸を攻めるといった
イメージです。

BEPS行動計画の具体的内容

▽BEPSプロジェクトによる行動計画の策定

これまでに、BEPSとは、これまでの二国間租税条約やいわゆる移転価格税制を基礎とした国際税務の枠組みでは対応しきれなくなった新たな国際的課税回避スキームへの対応を目的とした国際税務における新たな取り組みであることについて、その全体像をさまざまな観点から見てきました。

その中では、何度もBEPSプロジェクトやBEPS行動計画という言葉が登場してきましたが、これ以降では、その15分野にわたるBEPS行動計画を通して、BEPS対応についてのより具体的な内容について見ていきたいと思います。

BEPSプロジェクトにおいては、BEPS問題への対応について、それぞれの関連性に基づき以下の15のトピックに区分され、それぞれに独立した行動計画としての報告書にまとめられています。

これらの報告書においては、それぞれの分野において、BEPSの回避に必要とされる対応、対応を実施するまでの期限、実施にかかわり必要とされる資源と具体的方法の認識について示されています。

▽**行動計画のラインナップ**

行動計画１　電子経済の課税上の課題への対処
行動計画２　ハイブリッド・ミスマッチに係る取極の効果の無効化
行動計画３　ＣＦＣ税制の強化
行動計画４　利子損金算入や他の金融取引の支払いを通じた税源浸食の制限
行動計画５　透明性や実体の考慮による有害税制への効果的対抗
行動計画６　租税条約濫用を防止
行動計画７　ＰＥ認定の人為的回避防止
行動計画８　移転価格の結果と価値創造整合性確保：無形資産
行動計画９　移転価格の結果と価値創造整合性確保：リスクと資本
行動計画10　移転価格の結果と価値創造整合性確保：その他リスクの高い取引
行動計画11　ＢＥＰＳのデータを収集・分析する方法とそれに対処する行動の確立
行動計画12　納税者のアグレッシブなタックス・プランニングの開示要請
行動計画13　移転価格関連の文書化の再検討
行動計画14　紛争解決メカニズム（相互協議）の効率化
行動計画15　多国間協定の開発：ＢＥＰＳ防止措置実施条約の策定

ＢＥＰＳ行動計画の推移

▽ＢＥＰＳプロジェクト

２０１３年９月に開催されたＧ20サミットにおいて，それまでに提示された15のＢＥＰＳ項目に対応した行動計画を策定するためのＯＥＣＤを中心とした多国間共同プロジェクトであり，ＯＥＣＤ非加盟Ｇ20諸国がＯＥＣＤ加盟国と対等な立場で参加するＯＥＣＤ非加盟Ｇ20メンバー８か国とＯＥＣＤ加盟申請国を含めた４か国（２０１６年６月現在）により構成されたプロジェクトをいいます。

▽これまでの活動

15のＢＥＰＳ行動計画のそれぞれの分野については，ＢＥＰＳプロジェクト開始以前から国際的に問題視されていた税務分野である場合が多く，それらのいくつかについてはＯＥＣＤにおいてすでにさまざまな報告書が作成されており，それらの内容をより具体的な形とすることにより最終報告書が作成されています。

▽今後の活動

また，２０１６年以降，ＢＥＰＳは従来の行動計画策定段階から，実施段階に移行しており，これによりＢＥＰＳプロジェクトは発展的に解消し，Inclusive Framework on BEPS（包括的ＢＥＰＳフレームワーク）と呼ばれる組織体に移行し，15の最終報告書からなるＢＥＰＳパッケージの導入におけるモニタリング，レヴューの実施において調整等の役割を果たすものとなっています。

このフレームワークは，それまでのＢＥＰＳプロジェクト参加国の枠組みをさらに拡大することを目的としており，ＢＥＰＳの策定と導入に関心を有する国家と地域に対して広く参加が呼びかけられており，２０１７年2月時点では94の国と地域が参加しています。

▽**経緯**

これらの経緯を15の行動計画の内容ごとにみた場合には次のようになります。

行動計画	❶	❷	❸
内容	電子経済の課税上の課題への対応	ハイブリッド・ミスマッチに係る取極の効果の無効化	CFC税制の強化
経緯	2014年3月24日にディスカッションドラフトが公表され、その後、パブリックコメントおよびパブリックコンサルテーションを経て、同年9月16日に最終報告書がその他の6項目と共にBEPS第一次提言として発表されています。	2014年3月24日にディスカッションドラフトが公表され、その後、パブリックコメントおよびパブリックコンサルテーションを経て、同年9月16日に報告書がその他の6項目と共にBEPS第一次提言として発表され、その後、本年10月5日に最終報告書が発表されています。	2015年4月3日にディスカッションドラフトが公表され、その後、パブリックコメントおよびパブリックコンサルテーションを経て、本年10月5日に他の行動計画とともにその最終報告書が発表されています。
BEPSプロジェクト以前の基礎となる前身	1998 CFA Report "Electronic Commerce:Taxation Framework Conditions"	2012 OECD report "Hybrid Mismatch Arrangements: Tax Policy and Compliance Issue" (Hybrids Report)	
ディスカッションドラフト	2014年3月24日	2014年3月19日	2015年4月3日
2014年9月16日 BEPS第一次提言 最終報告書	○ 2015年10月5日	○ 2015年10月5日	2015年10月5日
最終報告書以降の動き			

❼ PE認定の人為的回避防止	❻ 租税条約濫用を防止	❺ 透明性や実体の考慮による有害税制への効果的対抗	❹ 利子損金算入や他の金融取引の支払いを通じた税源浸食の制限
2014年10月31日にディスカッションドラフトが公表され、その後、パブリックコメントおよびパブリックコンサルテーションを経て、2015年10月5日に他の行動計画とともに最終報告書が発表されています。また、今後もPEへの利益帰属の問題に関する追加ガイダンスについて2016年末迄の完成を目指して継続的に検討が行われるものとされています。	2014年9月のBEPS第一次提言において報告書が公表され、その後、パブリックコメントおよびパブリックコンサルテーションを経て、2015年10月5日に他の行動計画とともに最終報告書が発表されています。また、今後も具体的な租税条約乱用防止規定等の内容について継続的に検討が行われるものとされています。	1998年にOECDより公表された「有害な税の競争報告書」の流れを引き継ぐものであり、その後、2014年9月16日のBEPS第一次提言において報告書が公表され、2015年2月に「知的財産優遇税制に関する修正ネクサスアプローチに関する合意文書」が公表、これらを基礎に一部新たな内容を加えることにより、2015年10月5日に他の行動計画とともに最終報告書が発表されています。また、今後も各国優遇税制にかかわる審査を継続するとともに、有害税制の審査基準の向上に向けての検討が行われるものとされています。	2014年12月18日にディスカッションドラフトが公表され、その後、パブリックコメントおよびパブリックコンサルテーションを経て、2015年10月5日に他の行動計画とともにその最終報告書が発表されています。また、今後も2020年末迄の間、ベスト・プラクティス・アプローチの実施状況や、企業グループの行動に対する影響について、各国によるレビューが行われるものとされています。
2011 and 2012 OECD discussion drafts on the clarification of the PE definition	2010 OECD Report "The Granting of Treaty Benefits with Respect to the Income of Collective Investment Vehicles"	1998 aFHTP Report "Harmful Tax Competition: An Emerging Global Issue" the Forum on Harmful Tax Practices (FHTP)	
2014年10月31日 2015年5月15日	2014年3月14日 2015年5月22日		2014年12月18日
2015年10月5日	○ 2015年10月5日	○ 2015年10月5日	2015年10月5日
2016 OECD Discussion draft "Treaty residence of pension funds"			2017 OECD Discussion draft "Elements of the design and operation of the group ratio rule" the Forum on Harmful Tax Practices (FHTP)

⓫ BEPSのデータを収集・分析する方法とそれに対処する行動の確立	❿ 移転価格の結果と価値創造整合性確保：その他リスクの高い取引	❾ 移転価格の結果と価値創造整合性確保：リスクと資本	❽ 移転価格の結果と価値創造整合性確保：無形資産
2015年4月16日にディスカッションドラフトが公表され、パブリックコメントおよびパブリックコンサルテーションを経て、2015年10月5日に他の行動計画とともに最終報告書が発表されています。	2014年11月3日に低付加価値グループ内役務提供、2014年12月16日コモディティ取引及び利益分割法にかかわるディスカッションドラフトが公表され、その後、パブリックコメントおよびパブリックコンサルテーションを経て、2015年10月5日に他の行動計画とともに最終報告書が発表されています。さらに、取引単位利益分割法にかかわるOECD移転価格ガイダンスの改訂については、2017年上半期の完成を目途に継続して議論が行われることとされており、また、今後も、とりわけ発展途上国におけるBEPSの影響にかかわるOECDによる報告の内容を受けながら議論及び更新がなされるものとされています。	2014年12月19日にディスカッションドラフトが公表され、その後、パブリックコメントおよびパブリックコンサルテーションを経て、2015年10月5日に他の行動計画とともに最終報告書が発表されています。	2014年9月16日に第一次提言が公表され、その後、2015年4月及び6月に費用分担取極(CCA：Cost Contribution Arrangements)及び評価困難な無形資産(HTVI：Hard-To-Value Intangible)の追加検討事項について、ディスカッションドラフトが公表され、パブリックコメントおよびパブリックコンサルテーションを経て、2015年10月5日に他の行動計画とともに最終報告書が発表されています。また、今後も無形資産にかかわる取引単位利益分割法に関する追加ガイダンスについて2017年上半期の完成を目指して継続的に検討が行われるものとされています。
2015年4月16日	2014年11月3日低付加価値グループ内役務 2014年12月16日コモディティ取引／利益分割法	2014年12月19日	2015年4月29日CCA 2015年6月4日評価困難な無形資産
2015年10月5日	2015年10月5日	2015年10月5日	○ 2015年10月5日
	2016 OECD Discussion draft "Revised guidance on profit sprits"		2016 OECD Discussion draft "Additional guidance on the attribution of profits to permanent establishements"

⓯	⓮	⓭	⓬
多国間協定の開発：BEPS防止措置実施条約の策定	紛争解決メカニズム（相互協議）の効率化	移転価格関連の文書化の再検討	納税者のアグレッシブなタックス・プランニングの開示要請
2014年9月16日に第一次提言が公表されましたが、その後も継続して議論が重ねられ、2015年10月5日に最終報告書が取りまとめられました。また、2016年5月末に多国間協定にかかわるディスカッションドラフトが公表され、その後、その後のパブリックコメントおよびパブリックコンサルテーションを経て、2016年11月24日、BEPS防止のための租税条約関連措置の実施に係る多国間協定及びその説明文書が公表されました。	2014年12月18日にディスカッションドラフトが公表され、その後のパブリックコメントおよびパブリックコンサルテーションを経て、2015年10月5日に他の行動計画とともに最終報告書が公表されました。さらに、2016年10月にその実施にかかわる各国のモニタリング及びピアレビューにおける評価基準及び方法にかかわる資料が公表され、今後、これに従ってモニタリング及びピアレビューが実施されることになっています。	2014年9月の第一次提言においてそれぞれの文書にかかわる内容が発表されたのを皮切りに、2015年2月に国別報告書実施にかかわる内容が公表され、続いて同年6月に国別報告書にかかわる国内法制モデル及び権限ある当局間合意モデルが示され、その後、2015年10月5日に他の行動計画とともに最終報告書が公表されました。さらに、2016年に入ってからも6月に国別報告書実施にかかわるガイダンスが発表され、今後2020年までに、実施状況についてレビューをしつつ、これらの文書の内容について変更を加えるか否かについて再評価を行うものとしています。	2015年3月31日にディスカッションドラフトが公表され、その後パブリックコメントおよびパブリックコンサルテーションを経て、2015年10月5日に最終報告書が取りまとめられました。
		2013 OECD Report "Co-operative Compliance: A Framework: From Enhanced Relationship to Co-Operative"	2011 OECD Report "Tackling Aggressive Tax Planning through Improved Transparency and Disclosure"
	2014年12月18日	2014年1月30日	2015年3月31日
○ 2015年10月5日	2015年10月5日	○ 2015年10月5日	2015年10月5日
2016 OECD Discussion draft "Multilateral instrument to implement the tax treaty-related BEPS measures"		2016 OECD "Guidance on the implementation of country-by-country reporting"	

行動計画Ⅰ　電子経済の課税上の課題への対処

行動計画1は、電子経済（Digital Economy）の話です。

電子商取引では他国から遠隔で販売、サービス提供等の経済活動の実施が可能であることから、税制の最も基礎的概念である「国内」と「国外」という税法の適用範囲の区分が曖昧となってしまい、これまでの国際税務の考え方では不都合が生じることになってしまいます。

この点を鑑み、ここでは、電子商取引に対する直接税・間接税のあり方を検討することがその目的とされています。

以上のような問題を受けて、BEPS行動計画1においては、以下のような内容の提言がなされています。

(1)　恒久的施設（PE）の考え方の見直し（PE概念の見直し）

「PEなければ所得課税なし」という国際税務の原則的なルールがあることに対して、電子商取引等では、国内に物理的拠点（すなわちPE）がなくともサービス提供等が可能であることから、形式的に事業所得課税ができないという問題が生じることとなっています。

この点について、電子商取引等におけるPEの考え方を見直すことが提言されています。

(2) 企業が収集したデータから生じる価値に着目した課税

企業が顧客・利用者等のデータの大量収集（いわゆるビッグデータ等）から経済的利益を得ている場合にも、顧客・利用者等が所在している国において課税ができないという問題が発生しています。この点について、企業が収集したデータから生じる価値に着目し、顧客等の所在地国にＰＥを有しているとみなして、課税を行うことが提言されています。

(3) 電子商取引の決済を行う金融機関等への源泉徴収義務

租税条約上事業所得や使用料等の所得分類ごとに課税関係が規定されていることから、クラウドサービスの対価等の所得について、どのように分類し、課税を行うかが問題となっています。この点について、利用者の所在国に源泉課税を認めることにより、クレジットカード会社等が決済額の一定割合に税金を課すということが提言されています。

(4) 海外事業者のＢ２Ｃ取引（企業と消費者の取引）に対する消費税課税

海外から直接消費者にサービス提供が行われる電子商取引（Ｂ２Ｃ）の場合、間接税にかかわる消費課税ができないという問題が生じています。この点について、国境を越えるＢ２Ｃ電子商取引に関して、外国事業者を顧客の所在地で登録させて消費税を徴収することが提言されています。

▽**日本平成27年税制改正　デジタルコンテンツにかかわる課税**

日本では、平成27年（2015年）度税制改正において、国境を越えた役務提供に対する消費税の課税について見直し、国外事業者が国境を越えて行う電子書籍・音楽・広告の配信等の電子商取引について消費税の課税対象とすることとされました。

これにより、2015年10月1日以降は、デジタルコンテンツの提供（電気通信利用役務の提供）を行う者の住所が海外にあっても、提供を受ける者の住所が日本にある場合には、日本における消費税が課税されることになっています。

従来の日本の消費税は、役務提供者が日本国外に存在する場合には、課税が行われていませんでした。このような形では、同じ役務であったとしても、国内事業者については消費税が課税され、国外事業者については課税されないという、不均衡が生じることになり、課税の原則である公平性を大きく損なうことになってしまいます。そこで、これらの国内外における役務提供者の間での競争不均衡を是正するために、課税が行われるようになりました。

このような内容を何度か目にした方もいらっしゃると思いますが、その際、同時にこうも思われたのではないでしょうか。

「近年のインターネットの隆盛はわかるが、そういうことはそもそも最初からやっておくべきじゃないの？」

この率直な疑問に対して、もちろん課税当局を庇《かば》うという意味ではないのですが、すぐには実施できない2つの背景があったといえるのです。

すなわち、1つは、理論的な背景であり、もう1つは実務的なものです。

理論的な背景とは、消費税の国境調整税と呼ばれる性質によるもので、財またはサービスの（自国における）消費を課税対象行為とすることから、役務提供者が日本国外に所在している場合には、その消費行為が日本国内において行われたものなのかまたは国外で行われたものなのかが明確になりにくく、厳格な意味における課税を行うことができないというものです。

また、もう1つの実務的な背景とは、消費税の間接税としての性質によるものです。ここでは、仮に理論的に消費行為が日本国内で行われたものと判明していたとしても、消費者が税金部分を含め対価を国外の役務提供者に支払った場合には、日本国内においてのみ適用可能な日本国課税権では、日本国外（役務提供者）において、たとえ日本の消費者が支払った対価であったとしても課税できないというものでした。

まさに、BEPS行動計画1ではこのような問題に対する解決策を提示し、さらに参加国に対して国内税制の改正を求めたものといえます。

具体的に、日本国内税法の改正においては、前述の理論的側面について、課税対象行為判定地を、役務提供者の所在地から役務受領者の所在地として基準を変更することにより国内取引とし、さらに、実務的な課税方法は、事業者向け取引（B2B）がリバースチャージ方式（国外事業者から当該役務の提供を受けた国内事業者が申告・納税を行う方式）、消費者向け取引（B2C）が国外事業者登録制度を採用することにより問題を解消することとなりました。

▽BEPSとの比較における今後の日本のデジタルコンテンツ課税の方向性

日本では役務受領者が自国に所在する場合の国際電子サービスにかかる消費税課税について、その適用範囲が「電気通信利用役務の提供」に限られているのに対して、BEPS報告書においては、遠隔地から非居住地国の役務受領者に供給することが可能な役務と無形資産の提供とされており、今後、日本においても適用の範囲が拡げられていくものと考えられます。ここでは、その境界を実務的にどのように確立するのかが問題となるといえ、今後の方向性については、注意深く見守る必要があるといえるでしょう。

また、現在日本で採用されているような消費者向け取引（B2C）についての国外事業者登録制度による課税方式については、BEPS報告書においてもその網羅性の実務的担保が問題となることが指摘されています。

現状においては消費者向け取引（B2C）を利用する国内事業者については、仕入税額控除が制限されることになりますが、これについては、逆に国外事業者による国内事業者に対する役務提供を制限することとなるものとなってしまいます。

次に、Ｂ２Ｂにおけるリバースチャージ方式について、日本における国内事業者に対する申告納税方式は、日本国内においてインボイス方式が採用されていない状況では、その納税者側から見た煩雑性から適用の網羅性を完全に確保することは難しいものとも考えられます。

Digital economy の今後の一層の隆盛は明らかであり、将来的により多くの富が実物経済からシフトしていくものと予想されます。この中では国境が存在せず、その価値移転も目で見ることはできない場合が多く、国境という物理的存在を基準としてきた、各国の税制が今後どのように税収を確保していくかについて、今後、激しい議論が行われていくことが予想されています。

この分野の問題はますます多様化、かつ、身近なものになってくるものと予想され、より大きな社会的注目を集めることになってくるといえるでしょう。

行動計画2　ハイブリッド・ミスマッチに係る取極の効果の無効化

行動計画2は、金融商品や事業体に対する複数国間における税務上の取り扱いの差異（ハイブリッド・ミスマッチ）の利用にかかわる話です。

▽ハイブリッド・ミスマッチ

ハイブリッド・ミスマッチとは、文字通り、相容れないもの（ミスマッチ）同士を組み合わせること（ハイブリッド）を意味します。

すなわち、税制が各国によりまちまちであることを利用して、これらを国際的に組み合わせることにより、税負担の軽減を図るというものです。

例えば、オーストラリア（B国）の子会社（B社）からの優先株式配当を日本（A国）の親会社（A社）が受領することとした場合には、支払側で損金算入が認められる一方で受領側親会社では益金算入がなされないという状況が発生することとなります。

これにより企業グループ全体での税負担を低減することが可能となります。

さらに、グループ全体の利益をB社に集中させ、その後、B社からA社に優先株式配当を実施することにより、グループ全体の法人税をさらに低減することが可能となります。

ハイブリッド金融商品（レポ取引等のハイブリッド譲渡を含む）のイメージ

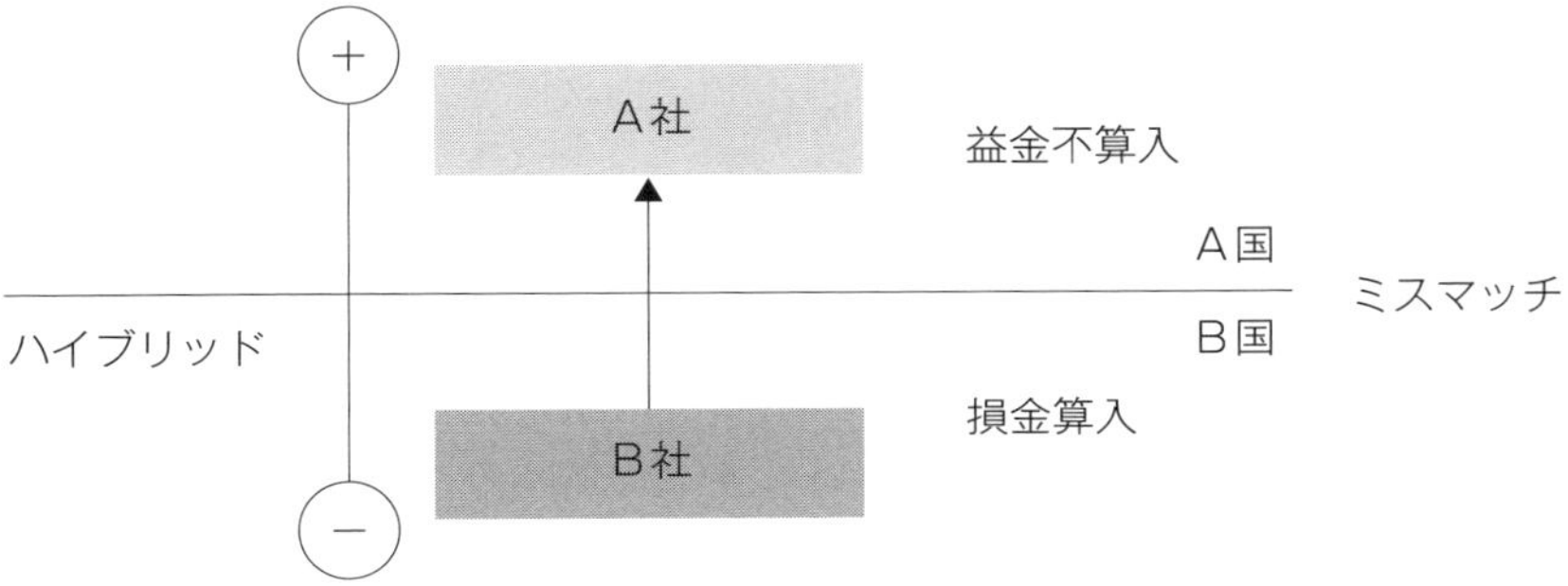

※支払者がその支払を損金算入として扱い、受取者はそれを免税の収入として扱う取引

ＢＥＰＳ行動計画２においては、このようなミスマッチをＤ／ＮＩ（Deduction/No Inclusion）と呼ばれる支払者側では損金算入可能である一方、受領者側あるいは関連投資者側で益金に計上されないという取引と、ＤＤ（Double Deduction）と呼ばれる同一の支払いについて複数の国または地域で同時に損金算入される取引に大きく区分し、その対応策について提言がなされています。

また、これらの取引については、日本においても、平成28年４月１日以降開始事業年度より、外国子会社配当益金不算入の対象となる配当から、外国子会社において損金算入されている配当について、その対象外とされ、一方で、対応する外国源泉税等の額を外国税額控除の対象とするものとして対応がなされています。

このようなハイブリッド取引については、日本ではあまり一般的ではありませんでしたので、日本企業のビジネスだけを見た場合には、ＢＥＰＳ行動計画２における影響はあまりないものといえるでしょう。

ただし、従来、日本企業が海外買収を行った場合に、それまでは税務上認められていた取引について、親会社が日本企業となることで日本の税制上認められなくなる（例えば、チェック・ザ・ボックス・ルールの適用等）ことにより、突如税負担が増加し、当初M＆Aにおいて想定していた利益水準に及ばなくなるといった国際競争における足かせが減少するものともいえます。

今回のBEPS行動計画発表を発端として、これらのハイブリッド・ミスマッチの適用関係が調整されることは、イコールフッティングという意味で、従来、日本における比較的厳格な税制の適用を受けることにより、国際的にみて高い税負担を行ってきた日本企業にとっては、国際競争において税負担軽減スキームを適用してきた欧米企業と同様の土台に立つことができるものといえるでしょう。

行動計画3　ＣＦＣ税制の強化

行動計画３では、日本ではタックス・ヘイブン対策税制または外国子会社合算税制として知られる税制が取り上げられています。

タックス・ヘイブン対策税制とは、国際的にはＣＦＣ（Controlled Foreign Company）税制と呼ばれ、ＢＶＩやケイマン諸島等に代表される低税率国に子会社を設立し、当該子会社に留保利益を蓄積することにより、自国における課税を繰延または回避しようとする行為について、これを防止するための税制をいいます。

この税制の歴史は古く１９６２年まで遡り、現在ではＢＥＰＳプロジェクトに参加する国のうち30か国においてすでに採用されており、さらに、その他の多くの国においても採用が検討されています。

しかし、高度の国際取引の進展に伴い、従来の伝統的ＣＦＣ税制の枠組みでは課税権の確保を行うことが困難となりつつあり、ＢＥＰＳにおける取り組みの１つに加えられることとなりました。

▽ＣＦＣ税制の最低基準を勧告

行動計画３は、ＣＦＣ税制の各国が最低限導入すべき国内法の基準について勧告しています。

①　ＣＦＣの定義

ＣＦＣとは、一般に親会社所在地域の株主により支配される外国投資企業をいうものとされ、ここでは、株主がどの程度の影響力を有する場合にＣＦＣと判断されるかについての参考基準が示されています。

②　ＣＦＣ税制適用と除外基準

既存のＣＦＣ税制は税率基準、租税回避基準等の基準のもとに適用がなされることが多いものとなっていましたが、ここでは、その適用について、親会社所在地域における適用税率よりも十分に低い実効税率が適用される場合にのみ適用がなされることが求められています。

③　ＣＦＣ所得の定義

ＣＦＣ税制の執行において、ＣＦＣ所得の定義内容の明確化が求められることに加えて、ここでは、ＣＦＣ所得を特定するためのアプローチ（カテゴリー分析、実態分析、超過利潤分析）についても明確にすることが求められています。

④　所得計算ルール

ＣＦＣ所得の計算方法については、親会社所在地域におけるルールで計算することが最も適切であるとされています。さらに、ＣＦＣで生じた損失の相殺についてはそのＣＦＣの所得またはそのＣＦ

Cと同一の地域に所在する他のCFCの所得に限定されることが求められています。

⑤ **所得合算ルール**

CFCの定義において用いた支配基準に対応して所得合算納税者が判断されるべきであるものとされ、また、その金額はCFCに対する持分割合に応じて計算されるべきであるとされています。

⑥ **二重課税排除ルール**

CFC税制の適用においても、二重課税の排除は重要な考慮要素とされ、CFC所在地域と親会社所在地域における二重課税の排除、CFC税制適用後のCFCからの配当またはCFC株式の譲渡所得にかかわる課税との二重課税の排除についての提言がなされています。

▽日本におけるCFC税制

現時点における日本税制では、一定の外国関係会社（特定外国子会社等：内国法人等により発行済株式総数の50％超を直接及び間接に保有されている外国法人（外国関係会社）のうち、税が存在しない国または地域に本店等を有する法人もしくは所得に対する租税負担割合が20％未満である法人（特定外国関係会社等））の所得に相当する金額について、内国法人等の所得とみなし、これを合算して課税する仕組みとされています。

現状の日本のCFC税制は基本的にBEPS報告書の内容に沿ったものとなっており、その内容が大きく変更されることはないと予想されるものの、細部においてはＢＥＰＳの内容により従った形式に変更されていくものと予想されます。

▽平成29年度税制改正による変更

平成29年度税制改正において、主に次のような内容の改正が行われ、より実質に即した課税とともに過度な納税者負担の軽減が行われています。

(i) トリガー税率を廃止し、外国関係会社の判定における実質支配基準の導入と間接保有割合の算定方法の見直し強化

従前の税負担割合20％未満というトリガー税率が廃止されたことから、特定外国子会社等という概念がなくなり、また、外国関係会社（その持分の50％超が、日本の居住者および内国法人によって保有されている外国法人）の判定においても、いわゆる掛け算方式から、50％の連鎖の有無によるものとされました。

これらはＢＥＰＳの勧告②に従ったものといえます。

(ii) 「ペーパーカンパニー」「事実上のキャッシュボックス」「ブラックリスト国所在」に対する課税を新設強化

特定の形態の外国関係会社については、税負担割合にかかわらず、その対象に含めるものとされま

した。

これらはＢＥＰＳの勧告①に従ったものとなっています。

(iii) 部分合算対象となる「資産性所得」を「受動的所得」とし、その対象範囲の見直し強化

資産性所得という概念を国際的により一般的な受動的所得（Passive income）という概念で捉え直しています。

これらはＢＥＰＳの勧告③に従ったものといえます。

(iv) 「制度適用免除基準」として税率基準を残存、二重課税調整の項目の追加

日本の税率とほぼ等しい30％以上の税負担割合の外国法人については適用範囲外とし、また、二重課税が発生しないように調整の範囲を広げています。

これらはＢＥＰＳの勧告⑥に従ったものとなっています。

これらの改正に伴って、２０１８年4月1日以降開始事業年度にかかわる外国子会社合算税制の適用については、次のようになります。

(ア) 外国関係会社の税負担割合が30％以上である場合には適用がない。

(イ) 税負担割合が30％未満である場合には、原則として、ペーパーカンパニー等の特定の外国関係子会社に該当する場合にのみ適用がある。ただし、ペーパーカンパニーに該当しない場合にも、税負

担割合が20％未満である場合には、経済活動基準により判断がなされる。

(ウ) 結果的に税負担割合が30％未満、かつ、ペーパーカンパニーに該当するまたは税負担割合が20％未満である場合には、経済活動基準により判断がなされ、ここでは経済活動基準を満たさなければ会社単位で合算課税が適用され、満たす場合においても受動的所得については合算課税の対象となる。

以上に見られるように、今回の改正は基本的にＢＥＰＳ行動計画の勧告に従ったものであり、継続的な改正がなされていくことが予想されます。

したがって、今後は、日本だけでなく、ＢＥＰＳに参加を表明している各国が同様の方向で国内法を改正していくものと予想され、各国の税制が少しずつ統一されることにより、国際活動に従事する企業から見れば、税制にかかわる予見可能性が高まっていくものと考えられます。

▽ **移転価格税制とCFC税制とBEPSとの関係**

狭義の移転価格税制が、関連企業間における独立企業間価格（Arm's length price）と異なる価格での取引を対象とするのに対し、ＣＦＣ税制では特定の地域における課税所得の恣意的な計上をその対象としているものといえます。

また、ＢＥＰＳでは、その対象如何にかかわらず、これまでの税制では対応することができなくなった問題への対応を目的としており、移転価格税制やCFC税制におけるような恣意的な価格調整や課税所得の計上にとどまらない、税源自体に対する意図的な操作への対応にまでその範囲を広げたものであると理解できます。

▽移転価格税制とCFC税制の二重適用の場合

日本企業が香港に地域持株会社を設立し、そこから中国の他の地域に製造現地法人等を設立した場合、状況によっては、日本香港企業間においてCFC税制が適用された所得について、中国香港企業間において移転価格税制の適用がなされる場合も考えられます。

このような3つの国・地域を跨ぐ二重課税については、直接的な救済手段がないものといえ、そのような場合には極めて大きな実務的負担が伴うことが予想されます。

行動計画４　利子損金算入や他の金融取引の支払を通じた税源浸食の制限

行動計画４の最終報告書の冒頭には次のように書かれています。

> 第三者または関連当事者に対する利息の支払はインターナショナルタックス・プランニングにおいておそらく最も単純な利益移転の方法である。金銭の流動性と代替可能性は支配企業において負債と資本の構成割合の調整を比較的簡単な作業とならしめる。

このように、行動計画４は古くて新しい問題である多国籍企業グループ内部での利子等の支払を通じた税源または利益の移転行為を制限することをその目的としています。

ここでは次のような内容が示されています。

(1)　一般的利子控除制限ルール

各国共通のルールとして一定の利子控除限度額を設けるものです。

①　固定比率ルール

ＥＢＩＴＤＡ（Earnings Before Interest, Taxes, Depreciation and Amortization）に一定の基準固定比率を乗じることにより、利子控除限度額を計算する方法です。

ここでは、基準固定比率として10～30％の範囲において、各国政府が決定するものとされています。

② グループ比率ルール

グループ全体のＥＢＩＴＤＡに第三者に対する純支払利子割合を乗じることにより、利子控除限度額を計算する方法です。

ここでは、グループ比率が基準固定比率を超える場合に、当該超過部分についても損金算入が認められるものとされています。

③ デ・ミニミス・ルール

デ・ミニミス（De minimis）とは、「些細なことについて」という意味のラテン語の語句で、一般に法令等においてごく軽微な違反については罰しないという考え方を表します。

ここでは、ＢＥＰＳ問題を引き起こす可能性が低い企業について、あらかじめ一般的利子控除制限ルールの適用範囲から除外することがオプションとして認められるものとされています。

④ 超過利子の繰越等について

各年度におけるＥＢＩＴＤＡや支払利子等の金額的変動がもたらす影響を緩和するために、超過利子または限度額の繰越しまたは繰戻し等の規定を設けることもできるとされています。

(2) 特別利子控除制限ルール

画一的な一般的利子控除制限ルールでは対応できない個別の問題に対応するため、各国は、特別利子控除制限ルールを設けることを認められるものとされており、ここでの代表的なものとして過小資本税制があげられています。

また、ＢＥＰＳにおいては、２０２０年末までに、ベスト・プラクティス・アプローチの実施状況や、企業グループの行動に対する影響について、各国によるレビューが行われるものとされています。

▽移転価格税制と一般利子控除制限ルールと過小資本税制との関係

移転価格税制を「恣意的課税権侵害の回避を目的とする税制」という広い意味で捉えると、いわゆる関連企業間取引税制（狭義の移転価格税制）だけでなく、利子控除制限ルールを含むＢＥＰＳ行動計画も包含され、さらには、税関に対する輸入申告価格調整等についてもこれに含められるものといえます。

一方で、狭義の移転価格税制である関連企業間取引税制を、独立企業間価格（Arm's length price）と異なる価格で取引を行うことによる利益移転防止策と捉えた場合には、利子控除の制限に関して、移転価格税制の基準となるのは不合理な利率による利子支払であり、一般利子控除制限ルールについては、企業のキャッシュフローに比較して不合理に過大な利子支払への対応であり、過小資本税制については、資本の金額に比較して不合理に過大な利子支払への対応であるものと説明できます。

したがって、行動計画４においては、その判断の対象となる基準の範囲を、従来の利率の観点だけでなく、ＥＢＩＴＤＡや資本割合の観点にまで拡げたものと理解することができます。

また、ＣＦＣ税制との比較では、ＣＦＣ税制は自国企業の海外現地法人に留保されたものを合算という形で税源を確保するのに対して、一般利子控除制限ルールにおいては、損金算入額を制限するという形で税源を確保するものといえます。

一般に、前者は主に自国内に本部のある多国籍企業グループを対象としており、後者は他国に本部のある多国籍企業グループを対象としているともいえるでしょう。

日本においては、一般利子控除制限ルールとして固定比率ルールに相当する過大支払利子税制があり、特別利子控除制限ルールとして過小資本税制が存在しています。

さらにＢＥＰＳの流れを受けて、日本においても、２０２０年頃までにＢＥＰＳによるレビュー結果の内容にそくして、制度の改正にかかわる検討がなされていくものと予想されます。

行動計画5　透明性や実体の考慮による有害税制への効果的対抗

行動計画5は、有害な税制が取り上げられています。

ここでいう有害な税制とは、主に課税の原則である公平性の観点から問題のある税制をいい、これにより、国家間や企業間における公平な競争が損なわれるものとして捉えられます。

1998年にOECDより公表された「有害な税の競争報告書」において、潜在的に有害と判断される4つの主要な要素として次のものが示されています。

① 税負担がないまたは軽減税率の適用
② 国内企業に対しては適用されない（ring-fenced from the domestic economy）
③ 透明性の欠如
④ 有効な情報交換がなされていない

さらに、①を前提として、②から④のいずれかを有する場合には、潜在的に有害な優遇税制として判断されるものとなっています。

すなわち、特定の国家または地域が海外企業からの投資誘致を目的として、誘致の対象とする特定の企業についてのみ、優遇税制を与えた場合には、当該企業は国際的に利益を集中させることにより税負担を抑えることが可能となり、これにより、当該企業グループの所在する他地域の税収財源が減少し、かつ、当該企業は競合に対して有利な立場に立つことができるようになってしまいます。このような事象の発生を認めた場合には、国際的な税制優遇競争が発生し、最終的には社会全体の秩序が崩れ去る恐れがあります。そこで、このような有害な税制に対抗する必要があるものとされています。

また、有害な税制の主要素である③透明性の欠如、④有効な情報交換がなされていないことの問題を解決するために、次のようなルーリングについては、自発的情報交換により、税制やその執行にかかわる透明性を高め、これにより二重非課税等の税制上のミスマッチを回避するものとしています。

(i) 優遇税制に関するルーリング
船舶会社優遇税制、銀行業優遇税制、保険業優遇税制、統括会社優遇税制、知的財産優遇税制、持株会社優遇税制等。
(ii) クロスボーダーユニラテラルAPA
(iii) 利益下方調整をもたらすルーリング
(iv) PEルーリング
(v) 導管ルーリング
(vi) FHTP（Forum on Harmful Tax Practice in OECD）が必要と認めるルーリング

ここでのルーリングとは、特定の納税義務者の課税関係について課税当局より与えられる依拠すべきアドバイス、情報、了承をいうものとされています（BEPS 5, paragraph 95.）。

$$\text{ネクサス・アプローチに基づく知的財産所得} = \text{知的財産から生ずる全所得} \times \frac{\text{知的財産開発のための適格支出}}{\text{知的財産開発のための支出}}$$

これに加えて、BEPS行動計画5最終報告書においては、新たな判断基準が加えられ、さらに、有害な税制の判断に際して考慮されるべき要素についても言及されています。

▽新たに附加された基準

行動計画5最終報告書では、知的財産優遇税制とそれ以外の優遇税制に区分し、以下のような実質的活動基準を設けるものとされています。

☑知的財産優遇税制にかかわる実質的活動基準

知的財産優遇税制にかかわる実質的活動基準には、その指標として活動にかかわる支出に着目したネクサス・アプローチが採用されるものとされました。ここでは、知的財産の開発活動にかかわり、その支出を実際に負担した納税者に対して、租税優遇を与えるべきとされています。

具体的には、優遇税制の適用が認められるのは、「知的財産から生ずる全所得」のうち、上掲の算式により算出された金額を超えない部分であることが求められています。

「知的財産開発のための適格支出」には、次のものが含まれます。

■納税者自身が行う開発活動のための支出

■第三者への外注費

また、知的財産開発のための支出には、これらの適格支出に加えて次のものが含まれます。

■知的財産取得費

■関係者への外注費

☑知的財産権以外にかかわる実質的活動基準

ここでも、対象とする所得を生じさせる中核となる事業活動に実際に携わる納税者のみに対して優遇税制を与えるべきものとされています。

最終報告書においては、さらに、いくつかの優遇税制を取り上げ、それぞれの中核事業について検討を行っており、今後より具体的な基準を設けるものとされています。

有害税制、優遇税制の審査および情報の透明化については、ＢＥＰＳ包括的フレームワーク(Inclusive Framework)参加国におけるミニマムスタンダードとされています。

行動計画6　租税条約濫用の防止

行動計画6は、租税条約濫用の防止にかかわる話です。

すでに述べたように、100年ほど前から、欧州を中心に国際的経済活動の促進を目的として、各国の課税権を制限する機能を備えた租税条約が形成されてきました。

そして現在、税制の流れは大きく変わり、テクノロジーの急速な進展に伴う企業行動の変化に対応し、国際課税における新しい枠組みであるBEPSでは、租税条約の濫用を防止する方向で調整が進められると同時に、各国は自国の課税権確保に向けて大きく舵を取るようになりつつあります。

これまで国際税務の主流であった二国間租税条約は、課税権の制限という、ある意味では譲歩という手段によって国際的調整をなしてきたものともいえるでしょう。

一方で、これからの国際税務の世界では、二重非課税排除という課税権の確保（主張）をその新たな目的の一つとして加えつつあるものといえ、これまでの国際税務における方向性とは180度異なる方向に踏み出そうとしているといえるでしょう。

行動計画6では、租税条約は国際的二重課税の排除を目的とした範囲内でのみ課税権を制限するものであり、例えばトリーティーショッピング（租税条約の適用を意図的に組み合わせることにより租税負担の低減を図る行為）のような、その目的を超えるような行為についてまで、課税の特典を与えるものではないことについて明確にし、その具体的方法について議論がなされています。

▽ PPTとLOB

PPT（Principal Purpose Test：主要目的テスト）とは、取引の目的に着目するもので、租税条約の特典を享受することを主たる目的の1つとしているか否かを判定することにより、租税条約の特典の付与を判断するというものです。

また、LOB（Limitation on Benefit：特典制限条項）とは、所得の受領者の属性に着目するもので、租税条約の特典の適用を一定の「適格者」（第三国の居住者に支配されていないと考えられるもの）に限定するものです。

PPTは判断基準が取引の目的であることから、幅広い範囲をカバーすることができる一方で、その判断が主観的となるデメリットがあるといわれています。

他方で、LOBについては、適格者という形式的基準を採用することから、客観的な判断が下しやすいものの、導管取引（条約の特典を利用するため、条約相手国の居住者を経由して、第三国の居住者に所得を支払う取引）等について十分な対応ができないというデメリットがあるといわれます。

また、ここでは、ミニマムスタンダードとして、ＢＥＰＳ包括的フレームワーク（Inclusive Framework）に参加する国が最低限満たさなければならない基準として次の内容が定められています。

▽租税条約濫用の防止のための租税条約の改正

租税条約濫用防止のために最低限必要な基準として、租税条約のタイトルと前文に、租税条約は、租税回避・脱税を通じた二重非課税または税負担の軽減の機会を創出することを意図したものでないことを明記するとともに、次の３つのいずれかを各国の租税条約に組み入れることが勧告されています。

① ＰＰＴとＬＯＢ
② ＰＰＴ
③ ＬＯＢと導管取引防止規定（限定付きＰＰＴ、国内租税回避防止規定等）

日本については、ほとんどの先進主要国との締結租税条約において、すでにＰＰＴやＬＯＢなどの租税条約濫用防止規定が導入されています。

平成28年３月現在、日本は65か国と54の租税条約を締結しています（最も新しい締結国はカタール）。近年発効した租税条約のうち、ＬＯＢ条項を締結しているのは、８か国（米国、英国、フランス、オーストラリア、スイス、オランダ、ニュージーランド、スウェーデン）です。

したがって、行動計画6による日本における実質的な影響は大きくないものと考えられますが、今後、行動計画6の内容に則した租税条約の修正、国内税法の整備が進められるものと予想されています。

行動計画7　ＰＥ認定の人為的回避防止

行動計画7はＰＥ（恒久的施設）の話です。

▽ＰＥの認定回避への対応

ＰＥは、英語の正式名称をPermanent Establishmentといい、日本語で「恒久的施設」と呼ばれるものです。一般に「外国企業（非居住者）が当該国国内に設立した、事業のすべてまたは一部を行う場所」を意味します。

複数国にまたがる取引を行うに際して、企業の収益に対して、課税権を有する国を決定するための概念がＰＥであり、「ＰＥなければ課税なし」というのが事業所得課税にかかわる国際的なルールとなっています。

ＰＥの概念には、その基礎である固定的場所により判断するいわゆる物的ＰＥと、代理人ＰＥや役務提供ＰＥのようないわゆる人的ＰＥがあります。

このようにＰＥは、課税の有無を判断する上で重要な意義を持つことから、課税を回避する目的で意図的にＰＥの構成要件を満たさないようにするという行為がなされることがあります。

行動計画7においては、そのようなＰＥの概念の濫用を防止する観点から次のような議論がなされています。

☑代理人PEの範囲の修正

代理人PEの概念について、現在は、形式的な外国企業の名義における契約締結という要件により判断されることから、これをより実質的な観点から判断できるよう修正するものとしています。

☑PEの例外とされる準備的・補助的活動

経済環境の変化に伴い、従来より準備的・補助的性質を有する活動として租税条約に規定されていた活動項目が、現在では重要な事業活動を構成するような場合があることから、租税条約上、準備的・補助的性質を有する活動に限定することをより明確に表現するよう修正するものとしています。

☑契約分割による建設（役務提供）PE認定回避への対応

関連企業に契約を分散させることによるPE認定回避について、主目的テスト（行動計画6租税条約濫用の防止）をもって対応するよう修正するものとしています。

▽国際的な事業活動で最も影響が大きいPEの定義変更

おそらく、当該行動計画7におけるPEの定義の変更が、日常の国際的事業活動に対して与える影響が最も大きいものと想像されます。

当該変更が適用された後は、一定の期間、各地域においてＰＥの認定、これに基づく課税調整について、各国の課税当局による指摘が相次ぐものと想像されます。

したがって、国際的な事業活動を実施する企業においては、事前に各地における拠点および代理人の活動内容等ＰＥの適用要件について調査確認等の十分な準備をしておくことが重要と考えられます。

日本においては、当該租税条約におけるＰＥ概念の修正について、行動計画15に示される多国間協定に基づく枠組みにより対応することが予定されています。

また、ＰＥとしての認定を受けた場合には、当該ＰＥに属する人員にかかわる短期滞在者免税の適用がなくなるものとされていることから、企業所得税だけでなく、個人所得税についても注意を払う必要があることになります。

行動計画8　移転価格税制の結果と価値創造の整合性確保：無形資産

近年、情報、ブランド、マーケティングデータ等の実体を持たない価値表象どうしの交換が経済の主流を占めるようになってきています。

20世紀を代表する経営学者であるドラッカーはこれらの現象を「シンボル経済」と名づけ、その隆盛を予言していました。

ＢＥＰＳの観点からも、ここでいうシンボル経済と実体の関係がより重要な要素となってきています。行動計画８においては、多大な経済的価値を有し、かつ、実体を持たないことから、恣意的な（税源）移転が容易とされる無形資産について、その価値創出（ここでは実体）との関係に則して認識し直さなければならないものとして、その方法についての議論がなされています。

行動計画８から10までは狭義の移転価格税制にかかわるものであり、従来の移転価格税制ではその対応が難しくなってきている分野について、ＢＥＰＳの観点からその対応を行っているものです。また、その結果については、従来の移転価格ガイドラインを更新する形で最終報告書がまとめられています。

行動計画８においては、無形資産を「有形資産または金融資産でないもので、商業活動における使用目的で所有または管理することができ、比較可能な独立当事者間の取引においてその使用または移転に際して対価が支払われるような資産」と定義づけています。

これは、従来の移転価格ガイドラインにおいては、無形資産について移転価格の決定における役割から十分な注意を払うべきものとされつつも、独自の定義は設けられていなかったこととの比較において、その重要性がますます大きくなっていることを示すものといえるでしょう。

また、高度に、地理的に分散された多国籍間バリューチェーンの中で形成され、使用されるような無形資産について、二国間のみでその価格決定についての議論を行うことの実質的な意味がますます薄くなってきているといえ、これらの問題に対する議論についても行われています。

行動計画8においては、このような無形資産について、次のような流れで税務上区分把握し、捉えるものと規定しています。

①無形資産の特定
②無形資産の所有や無形資産の開発、改良、維持、保護、使用を伴う取引
③無形資産の使用または移転を伴う取引
④無形資産を伴う事例にかかる独立企業間条件の決定における補助的ガイダンス

さらに、税務上の観点からは、法的所有権を有するという事実単独では、必ずしも無形資産の活用により稼得される利益にかかわる権利を享受するものとはいえず、グループ内において重要な機能の

実施、経済的に重要なリスクの管理、資産への貢献を行っている企業が、現実の取引の適切な描写により、それらの貢献を反映した適切な報酬を受けることができるものと説明されています。

また、評価の困難な無形資産にかかる移転価格や特別の取り扱いについて、課税当局と納税者間における情報の非対称性の観点を含め、議論説明がなされています。

同時に、グループ全体での無形資産の開発および形成過程において、密接に関連することの多い、費用分担取極（Cost Contribution Arrangements：CCA）についても、従来のＯＥＣＤ移転価格税ガイドラインの構成に基本的に従いつつ説明がなされています。

今後、経済的価値の観点から無形資産の重要性はより一層高まるものと予想され、さらに、その対象となる範囲についても、法律に明確に規定される特許、商標権等だけでなく、ノウハウ、マーケティング情報、立地の優位性等、まさに目に見えない形でますます複雑化していることから、これらを税務の観点から、適切に描写および再構築するということについては、多大な時間と労力を要する作業となってくるものといえるでしょう。

したがって、国際的な事業活動に従事する企業は、これらの動向に関して、注意深く見守っていく必要があるものと考えられます。

行動計画９　移転価格税制の結果と価値創造の整合性確保：リスクと資本

行動計画９は、８に続き移転価格税制にかかわるもので、リスクの話です。

前述の無形資産を含め、近年、これらの実体を持たない価値表象どうしの交換が経済の主流を占めるようになってきています。

行動計画９においては、無形資産同様に実体を持たないリスクの概念についての議論がなされています。

しかし、リスクという抽象的な概念は、そもそも実体のない一種の価値表象であり、これを実体に則して認識すべきという議論は、本質的には矛盾をはらんだ議論であるとも考えられ、ここでの議論を抽象的で理解しにくいものとしていることも否めないといえるでしょう。

ここで、前述の無形資産とリスクの関係を整理するために、あえて、誤解を恐れずにいうならば、無形資産とは収益の本質でありすでに存在し得ている価値といえるのに対してリスクは将来において価値を生むかもしれないという可能性（すなわち不確実性）を表象しているものといえるでしょう。

▽リスクとは？

行動計画９において、リスクとは、「不確実性が事業の目的に対して与える影響」と定義されました。

従来のOECD移転価格税制ガイドラインにおいてもリスクという言葉は500回以上使用されていますが、その定義は設けられていませんでした。

このことは、わずか5年の間に移転価格の世界において、リスク（の恣意的配置）の概念が占める重要性が大きく増したことを意味するといえるでしょう。

行動計画9においては、このようなリスクの考え方について、従来のOECD移転価格税制ガイドラインの内容を基礎として、次のような内容の説明を行っています。

ある事業体が契約上リスクを引き受けているものの、現実にはこれらのリスクについて有効かつ明確に規定されたコントロールを実施していない場合には、名目上リスクを負担していなくとも、実質的に当該リスクをコントロールし、かつ当該リスクに対応できる財政的資源を有している事業体に当該リスクに対応する利益を分配しているものとみなす。

さらに、キャッシュボックスと呼ばれるような資金提供の他に重要な経済活動を有しない事業体については、形式上の資金提供は行うものの実質的な財務リスクコントロールは実施していないことから、取引に商業的合理性がないものとして、当該取引を否認または再構築する可能性があり、この場合には当該キャッシュボックス企業が受け取る利益はリスクフリーレートに相当する財務的利益とすべきである。

▽日本の対応

行動計画9に基づきOECD移転価格ガイドラインが更新されたものの、日本においては、これに伴い個別の税制改正を行わず、追加的な議論等が最終的に出そろう平成30年度頃に総合的に税制改正に反映することが予想されています。

しかし、それまでの間についても移転価格税制の具体的執行においては更新後のガイドラインの影響を受けるものとなっていくでしょう。

今後、無形資産と同様にリスクの経済的価値の観点からの重要性はより一層高まるものと予想され、さらに、その対象となる範囲は、ガイドラインに規定されているだけでも、戦略リスク、市場リスク、インフラリスク、操業リスク、財務リスク、取引リスク、ハザードリスクに及んでいます。

これらを国際税務の観点から、適切に描写し、再構築するということは、やはり、多大な時間と労力を要する作業となってくることが予想され、ここでも、国際的な事業活動に従事する企業は、これらの動向に関して、注意深く見守っていく必要があるものといえるでしょう。

行動計画10　移転価格税制の結果と価値創造の整合性確保：その他リスクの高い取引

行動計画10についても、移転価格税制にかかわる話です。

ただし、行動計画10では、行動計画8や9におけるような従来の取り扱いをより複雑かつ詳細なものにするという方向ではなく、逆に、手続きを簡素化する方向での議論がなされています。すなわちBEPSにおいてよく言及される包括的アプローチにおいては、多国籍企業による国際的な税制の隙間や抜け穴を利用した租税回避の防止を目的とするものの、そこでは、いたずらに納税者側や課税執行側に負担をかけるのではなく、その事務負担を軽減することにより、全体としての実効性を高めることも意図しており、行動計画10はその方向に沿ったものといえます。

ここでは、移転価格税制の効率的執行の観点から、次の事項について議論がなされています。

① 低付加価値グループ内役務提供にかかわる取り扱い
② コモディティ取引にかかわる移転価格上の取り扱い
③ グローバルバリューチェーンにおける利益分割法の適用

▽低付加価値グループ内役務提供（Low value-adding intra-group services）

一般に、グループ内役務提供（Intra-Group Services）とは、企業がグループ内の企業のために提供する経営・財務・業務・事務管理上の活動をいい、以前より、その認識および価格設定方法等について、ＯＥＣＤ移転価格ガイダンスに説明が設けられていました。

ここでは、さらに、低付加価値グループ内役務提供という概念を設け、従来は、個別にArm's length price ruleに基づく考え方を適用したものについて、総合的にて簡易な取り扱いを認めるものとしました。

具体的には、その適用に関して、次のように説明がなされています。

☑低付加価値グループ内役務提供の定義

低付加価値グループ内役務提供とは、多国籍企業グループ内の1社以上の企業によりその他の1社以上の企業に提供されるサービスで、次の性質を有するものとされています。

■補助的性質

■事業の中核を構成するものでない（利益獲得活動を形成するものや経済的重要性を有する活動に貢献するものではない）

■唯一の価値ある無形資産の使用を要するまたは創出するものではない

■重要なリスクの負担または管理を要するもしくは創出するものではない

☑低付加価値グループ内役務提供に対する簡易的取り扱い

関連するコストプールを計算し、これに5％をマークアップし、報酬額を計算するものとされており、ベンチマーク分析は必要とされません。

これは、海外子会社を有する日本企業の多くにとっても普遍的な問題といえます。この低付加価値グループ内役務提供への対応については、日本を含む主要国において2018年までにその採用が行われるものとされており、多くの日本企業にとっては、これまで比較的難しかった役務提供費の回収や、その支払側における損金処理が認められるという点においては朗報であるといえると同時に、当該費用の回収を行わない場合には寄附金課税を受けるリスクが高まることを意味します。

また、このために準備し、整備しておかなければならない文書化手続きについては、簡易的とは呼ばれるものの一般の企業にとってはかなりの負担となることが想像されるでしょう。

☑簡易的取扱いにおける文書化と報告

次のような資料を整備し、税務当局の求めに応じて提供できるようにする必要があるとされています。

- ■低付加価値グループ内役務の内容説明、受領者、該当することの理由、役務提供の合理性、便益の内容、配賦基準やその合理性の説明、マークアップ適用の確認
- ■契約書等の取決めについて定めた資料
- ■コストプールの選定、計算、マークアップの適用にかかわる説明と計算資料

■特定の配賦基準の適用にかかわる計算資料

▽コモディティ取引

市場価格のあるコモディティ取引については、独立価格比準法の適用を前提として、税務当局と納税者との間の考え方について一貫性を要する事項に関して説明がなされています。

ここでは、独立価格批准法の適用手段の1つとして、市場価格の適用やプライシング日の決定方法等が示されています。

▽取引単位利益分割法の採用

取引単位利益分割法の適用にあたり、より明確にしなければならない事項について、説明がなされています。

ここでは、取引単位利益分割法が最適な方法とされる状況の要素である高度に統合された事業活動、唯一の価値ある貢献、シナジー効果の内容や、利益分割計算における基準やその他の移転価格計算方法との関係性があげられています。

前述のとおり、グローバルベースで多国籍間をまたぐ高度に統合化されたバリューチェーンにおいて、関連企業間の取引価格を分析することは、必ずしも効率の良い作業ではないといえます。

したがって、ここではグローバル・バリューチェーン全体を包括的に分析することの可能な取引単位利益分割法の採用が理論的にもまた実務的にも妥当といえる場面も多いものと考えられます。

しかし、移転価格税制の根本原則である独立企業間価格（Arm's length price）の概念とは相容れないとは言えないまでも最も離れた概念であるといえ、これまでに蓄積された考え方との整合性を取っていくには様々な課題が残されているといえるでしょう。

したがって、当該取引単位利益分割法については、最終的な提言ではなく、今後の議論継続のための課題の整理と位置づけられています。

行動計画11　ＢＥＰＳのデータを収集・分析する方法とそれに対処する行動の確立

行動計画11はＢＥＰＳの実態把握にかかわる話です。

例えば、ある世界的インターネット企業の２００６年から２０１１年の英国での売上額１８０億ドルに対してその法人税負担額は１６００万ドルであったり、あるいは、別の世界的ＩＴ企業に対して与えていた課税優遇措置をめぐりアイルランド政府はＥＵから最大１３０億ユーロの追徴税を課すべきと命じられたりと、ＢＥＰＳをめぐる報道には事欠きません。

しかし、確かに、（少なくない数の）個別の企業においては、そのような問題が発生していることに違いないとしても、それでは本当に社会全体でそのようなトレンド（趨勢）が存在しているのでしょうか？

また、これらの客観的な事象やその意味するところについて、誰が、どのように判断すればよいのでしょうか？

もちろんこれら１つの巨大企業によるＢＥＰＳ行動は、上述の金額のように一国の財政をも左右するほどの大きな影響を有するものともいえ、これらへの個別的対応は必要であるといえますが、はたして、Ｇ20やＯＥＣＤが世界のほとんどの国々を巻き込み、かつ多大な社会的コストをかけてまで、早急に取り組む必要があるものとはどのように確認できるのでしょうか？

加えて，仮にやはりＢＥＰＳの問題が現実に社会全体で発生しており，国際的に早急な対応が必要であったとしても，ＢＥＰＳ行動計画の実施内容が社会全体において本当に有効に機能しているのかについては，どのように判断すればよいのでしょうか？

行動計画11においては，このような重要かつ本質的な問いかけについて，明確な回答とはいかないまでも，現時点における考え方が示されています。

この中では，具体的に，ＢＥＰＳの問題が社会全体に対して影響を及ぼしつつあることを示す指標が存在していること，今後，ＯＥＣＤや各国政府が協力し，より多くの客観的データを収集，分析することにより，国際的に整合性のある方法で提示していくことが示されており，さらに，今後，この分野で行動計画13により実施される国別報告書（Country by country reporting）の果たす役割が大きいものと期待されることが示されています。

具体的に，最終報告書は４つの章で構成されており，各章の概要は次のとおりとなっています。

第１章：ＢＥＰＳ分析に関連する既存のデータソースの評価

既存のデータソース利用によるＢＥＰＳの規模や効果に関する経済分析には限界があることを認識しつつ，その利用を図っていく必要があるものとされています。

第2章：BEPSの指標

BEPSを分析するにあたり有効と考えられる6つの指標について提示がなされています。

第3章：BEPSとその対抗措置に関する規模や経済的影響の測定

BEPSが実効税率や税収、経済効率に与える影響についての分析がなされています。

第4章：BEPSモニタリング向上のためのデータと手法

OECDや各国政府ならびに企業が協力し、より多くの客観的データを収集、分析することにより、国際的に整合性のある方法の提示がなされています。

次に、第2章で提示されている6つの指標について説明します。

① 低課税国への海外直接投資の集中

純外国直接投資（FDI）の対GDP比が200%を超える国におけるFDIは、2005年度でそれ以外の国の平均の38倍であったものが2012年では99倍以上まで増加していると報告されています。

② 高課税国の多国籍企業関連者の利益率との比較における低課税国の多国籍企業関連者の利益率

多国籍企業において低課税国における高利益率関連者への所得分配が45％であるのに対して高課税国における低利益率関連者に対する所得分配は7％にとどまっていると報告されています。

③ グループ全体の利益率との比較における低課税国の多国籍企業関連者の利益率

低課税国に所在する多国籍企業関連者の利益率は、そのグループ全体の平均利益率の2倍であると報告されています。

④ 独立的国内企業との比較における大規模多国籍企業の実効税率

大規模多国籍企業の実効税率は国内事業だけを行う類似企業より、4～8・5％低いものと報告されています。

⑤ 無形資産の研究開発実施国からの移転

価値の創造地域と課税所得の分離は、無形資産に関して特に顕著であり、かつ、当該現象が加速しており、例えば、受取ロイヤリティと研究開発支出の比率について、低課税国においてはその他の国と比較し6倍であり、さらにその比率は2009年から2012年の間に3倍に増加していると報告されています。さらに、これらの低課税国において受領されるロイヤリティは全世界総ロイヤリティの3％を占めるものと報告されています。

⑥ 高課税国所在多国籍企業関連者による借入の集中

高課税国における大規模多国籍企業関連者における支払利息と収入の比率は、そのグループ全体の比率のほぼ3倍であると報告されています。

また、行動計画11においては、タックス・プランニングを「利益が計上される場所と利益を生み出すための実質的な経済活動が分離される状況」と位置づけています。

さらに、企業のＢＥＰＳ行為により、グローバル全体での法人税収の少なくとも4～10％（金額にして毎年１０００億ドルから２４００億ドル）が失われているとも試算されており、この数値は日本円に換算すると約10兆円から30兆円ほどとなり、日本における２０１６年度の法人税等の税収約20兆円に匹敵するものです。

現在、失われているとされるこれらの税収がＢＥＰＳプロジェクトによりどれだけ回収され、さらにそれらがどの国に帰属するものとなるのか、また、これにより企業のこれまでの課税所得分配行動様式にどのように変化するのか、さらにまた、これが各国の税収にどのような影響を与えるのかについては、今後、これらの分析を通じて注意深く見守っていく必要があるものといえるでしょう。

行動計画12　納税者のアグレッシブなタックス・プランニングの開示要請

行動計画12は、制度的報告（Mandatory disclosure regimes）の話です。

ここでの背後にあるアイデアは、移転価格税制における事前確認（Advance Price Agreement）と基本的に同様です。

すなわち、事象（ここでは租税回避行為）が起こった後に、調査によって、一つひとつ検証していくことに労力をかけるよりは、前もって、納税者（ここでは「プロモーター」という新たな概念も含みます）から事前に詳細な情報提供を受けたほうが、時間的にも労力的にもはるかに効率的であるはずだというものです。

ここでは、アグレッシブ・タックス・プランニング（租税回避または税源浸食的タックス・プランニング）という概念とともに、プロモーターという概念が使用されますが、プロモーターとは、一般的には、税務にかかわるサービス提供過程において、報告義務を有するタックススキームにかかわる税務メリットの設計またはマーケティング、準備、管理に責任を有する、あるいは従事する者をいうものとされています。

行動計画12では、すでに類似の開示義務制度を導入している国々（英国、米国、アイルランド等）の制度を参考にして提言内容がまとめられています。

ここでは、タックス・プランニングの開示義務制度の目的と制度設計上考慮すべき基本原則について整理した上で、各国において自国に適した制度設計が可能となるよう、ミニマムスタンダードではなく、開示義務制度の基礎的な要素（開示義務者、開示の対象範囲、開示手続等）について、それぞれ推奨される複数の選択肢（モジュラー方式）が提示されています。

さらに、国際的な税務スキームにかかわる開示義務制度の導入にあたって、その特徴を踏まえた留意事項について提示され、同時に、開示された情報が各国の税務当局間で共有されるようにＪＩＴＳＩＣ（Joint International Tax Shelter Information Center：国際タックスシェルター情報センター）ネットワークを活用することが推奨されています。

具体的に、最終報告書は４つの章で構成されており、各章の概要は次のとおりとなっています。

第1章　タックス・プランニングの開示義務制度の概要及びその他の制度との関連

開示義務制度による潜在的租税回避スキームの早期的入手、関係者の認識、抑止力としての機能が説明されるとともに、事前確認、追加的情報開示、質問票調査、自主的開示、協力的コンプライアンスプログラム等の関連した制度との比較がなされています。

第2章　タックス・プランニングの開示義務制度におけるモジュラー方式の意義と効果

誰が、どのような取引について、どのような基準で、いつ開示しなければならないかについての議論説明がなされています。

第3章　国際的税務スキームにかかる開示義務制度の留意点

国際的税務スキームの開示義務について、数値的基準を採用しないこと、幅広い定義の採用、租税回避を予期していない場合の開示義務免除、知りうる範囲での情報開示、グループ当事者に対する合理的な情報開示要請等にかかる議論説明がなされています。

第4章　国際的税務スキームにかかわる税務当局間での開示情報の共有

個別具体的な国際的税務スキームへの対応だけでなく、経験および知識の向上や新しいスキームへの対応等の面でも情報の共有が重要であるものとされています。

行動計画13　移転価格関連の文書化の再検討

行動計画13については、同時文書の話です。

ここでの背後にあるアイデアは、前述のとおり、自国内においては強力な権限を有する課税当局も、自国外ではその権限は全く通用しないことから、極度に多国籍化した企業を相手にどうしても情報量に差があり、十分な対応を図ることができなかったというものです。

ここでは、どこでどれだけの利益と税金を計上しているのかという多国籍な情報について、企業側に提供することを義務づけると同時に、関連する多国間で当該情報を共有できる仕組みを作り上げようとしています。

ただし、このことは、結果として極度の国家間による課税競争（紛争）をもたらす可能性を有しており、この意味で、紛争解決メカニズムの形成がなされなければ、結果的に情報の共有がなされないであろうとの考えに基づき、同時に紛争解決メカニズムについても議論がなされています。

行動計画13は、日本においては移転価格にかかわる文書化として捉えられることが一般的ですが、前述のように必ずしも移転価格に限った内容ではなく、むしろ、ＢＥＰＳへの対応で最も本質的かつ抜本的な問題である多国籍企業の課税所得や対応する税金の世界的分配にかかわる議論であるものともいえます。

行動計画13では、このような情報について、3層構造アプローチと呼ばれるマスターファイル、ローカルファイル、国別報告書（Country By Country report）という3種類の文書を作成することを企業側に義務づけることにより、透明性を促進し、BEPS行動に対する把握、管理、対応することを目的としています。

▽議論の経緯

行動計画13に関する議論は、2014年9月の第一次提言においてそれぞれの文書にかかわる内容が発表されたのを皮切りに、2015年2月に国別報告書実施にかかわる内容が公表され、続いて同年6月に国別報告書にかかわる国内法制モデルと権限ある当局間合意モデルが示され、その後、2015年10月5日に他の行動計画とともに最終報告書が公表されています。

さらに、2016年に入ってからも6月に国別報告書実施にかかわるガイダンスが発表され、今後2020年までに、実施状況についてレヴューをしつつ、これらの文書の内容について変更を加えるか否かについて再評価を行うものとされています。

このように、行動計画13についてはBEPSプロジェクトの中でも最も詳細かつ注意深く進められていることが見てとれます。

▽内容

最終報告書では、従来のOECDによる移転価格ガイドラインを更新する形で報告書がまとめられており、次のような構成が採用されています。

① 序章

② 移転価格文書規定の目的

納税者側による十分な移転価格の検討の確保、税務当局側への十分な情報提供を目的。

③ 移転価格文書の三層構造

(i) マスターファイル：多国籍企業全体の概要を示すもので、組織、事業、無形資産、グループ内金融、財務状態、納税状況等を記載（原則的にはグループに1つ）。

(ii) ローカルファイル：各国の税制に則した関連者間取引にかかわる詳細な情報が記載され、従来の同時文書の内容に相当（グループ構成企業が各自作成）。

(iii) 国別報告書：国別の所得配分、納税状況、経済活動の所在を示す情報、事業内容ごとの企業リストを記載（グループに1つ）。

④ コンプライアンス

文書作成時期（ローカルファイルについては当該企業の税務申告書提出期限、マスターファイルについては究極の親会社の税務申告書提出期限、国別報告書については究極の親会社の翌事業年度終了日が望ましい）、更新頻度（原則毎年見直し必要、ただし、比較対象企業選定については3年ごとも認められる）、作成言語（原則現地の言語、ただし、企業内で共通して使用される言語についても認められる）、守秘義務等の事項が示されています。

⑤　実施

マスターファイルとローカルファイルについては、基本的に各国独自の現地制度に従い法制度化および実施されるものとされています。

また、国別報告書については、原則として2016年1月1日以降開始事業年度より実施されるものとして、前事業年度の連結売上高が7億5千万ユーロ以上の多国籍企業について各年度の国別報告書の提出が求められています。さらに、国家間の情報共有を促進するための枠組みや導入方法についても説明がなされています。

行動計画13最終報告書には次のような記載があります。

> 「国別報告書の要請の採用および導入に伴うリスク評価能力の向上の結果として、より効率の高い紛争解決の要請が高まることが認識されている。」（Executive summary）、「国家が、国別報告書による情報に基づく収入配分方式により納税者の所得について調整を求めることは認められない。そのような国別報告書の情報に基づく調整が当該国家の現地の課税当局により行われた場合には、当該国家の権限ある当局は早急にこのような調整を取下げることに責任をもつ」（Para 59.）

これらの記述は、今後、各地で移転価格税制の執行による調整が頻発する可能性の高いとの各国の予測を示したものであり、多国籍企業は今後世界各地における移転価格税制の執行にかかわる進展について注意深く見守る必要があるものといえます。

例えば、２０１６年にはG20議長国を務め、ＯＥＣＤのメンバーではないものの、ＯＥＣＤとの協力協定に署名するとともに、ＯＥＣＤ開発センターのメンバーである中国は、すでにさまざまな国際的政治声明の中でＢＥＰＳへの対応に強い支持を表明している一方で、中国国内法制において国別報告書については、「最終持株会社が中国居住企業多国籍企業集団である場合には、その情報が国家安全にかかわる場合には、国家関連規定に基づき部分的または全面的に国別報告書の記載を省くことができる。」（42号通達第６条）との記載が設けられています。

国別報告書の要件を満たす巨大企業のほとんどが国有系企業である中国において、国家間の情報共有がどの程度現実に進展していくのかについても、また十分な注意を払って見守る必要があるものと考えられます。

行動計画14　紛争解決メカニズム（相互協議）の効率化

ＢＥＰＳ行動計画14最終報告書の冒頭に次のような記述が太字で記載されています。

> The actions to counter BEPS must be complemented with actions that ensure certainty and predictability for business.（Introduction, Paragraph 2）
>
> ＢＥＰＳに対応するための行動は、ビジネスの安定性および予測可能性を確保する行為で補完されなければならない。

近年の一層の企業の巨大化や多国籍化は、インターネットの普及によるバーチャルエコノミーやボーダレス取引の進展と相まって、従来、特定の国の課税権として捉えられてきたものが急速に機能しなくなるという状況をもたらしつつあり、これまでの二国間租税条約やいわゆる移転価格税制を基礎とした国際税務の枠組みでは対応しきれなくなってきています。

これらの、多くの国を巻き込んだ、新たな課税スキームへの対応を目的としたＢＥＰＳの行き着く先には、当然、各国の課税収入確保の観点からの激しい国際的課税競争があり、その過程においては多くの国際的二重課税が発生することが予想されます。

これらの調整が効率的になされなければ、結果的に企業の国際的活動を阻害することとなり、ひいては世界各国の課税収入を低減させることになりかねません。

したがって、ＢＥＰＳの議論は、課税権の主張に伴う紛争を効率的に解決することができるメカニズムの確立をもって初めて成立する議論であることを意味します。これは、強いエンジンだけでなく、強いブレーキと相まって初めて、人が安全に乗ることのできる本当に速い車を作ることができることと同じ原理といえます。

このような背景について、各国は共通認識に立ち、「Improving dispute resolution mechanisms is therefore an integral component of the work on BEPS issues.（Executive summary）（紛争解決メカニズムの向上は、ＢＥＰＳプロジェクトの不可欠な構成要素である。）」との記載が設けられています。

▽相互協議のミニマムスタンダード

行動計画14における最終報告書では、効率的な相互協議実施を妨げる障害を除去するための措置として、２００７年2月にＯＥＣＤから公表された「効率的相互協議マニュアル（MANUAL ON EFFECTIVE MUTUAL AGREEMENT PROCEDURE（MEMAP））」の流れに沿う形で、次のような3つの事項について、最低限実施すべき措置（ミニマムスタンダード）として提言がされるとともに、今後実施することが望ましい措置（ベストプラクティス）が示されています。

① 租税条約上の相互協議にかかわる義務の誠実な履行と相互協議事案の適時解決

② 租税条約上の紛争の予防と適時解決を促進するための行政手続
③ 納税者による相互協議へのアクセスを確保するための措置

また、相互協議に加えて、効率的な紛争解決手段と考えられている義務的拘束的仲裁制度の租税条約上の採用についても検討がなされていますが、最終報告書の段階ですべてのOECD加盟国とG20の国の同意が得られなかったことから、導入に賛成する国々のみにより、具体的な仲裁制度に関する条約上の規定の策定作業が継続して行われるものとされています。

さらに、ミニマムスタンダードの実施を確保するために各国における実施状況をモニタリングするものとされており、次のようなモニタリング方法とその実施スケジュールについても公表がなされ、今後、継続的にその結果についても公開されていくものとなっています。

▽モニタリング基準と評価方法

最終報告書におけるミニマムスタンダードを21の基準に変換し、紛争予防、相互協議申立てへのアクセス、利用可能性、相互協議事案の解決、相互協議結果の執行という主要な4分野について評価が行われるものとされています。

また、評価方法としては、ピアレビュー、そこでの発見事項にかかわる対応処置のモニタリングという2段階アプローチが採用されることとなっており、さらに、納税者が相互協議の利用者であることを認識した上で、納税者からの要望等についても求められるものとなっています。

日本においては、年間200件弱の相互協議を処理しており、ミニマムスタンダードとベストプラクティスの内容がほぼ実施されているものといえ、今後、より一層の効率的相互協議の運用を目指すとともに、相互協議にかかわる国際仲裁制度の確立に向けて進んでいくものといえます。

行動計画15　多国間協定の開発：ＢＥＰＳ防止措置実施条約の策定

行動計画15は多国間協定の話です。

これまでに見てきたように、近年の一層の企業の巨大化および多国籍化は、インターネットの普及によるバーチャルエコノミーやボーダレス取引の進展と相まって、従来、特定の国の課税権として捉えられてきたものが急速に機能しなくなるという状況をもたらしつつあり、これまでの二国間租税条約やいわゆる移転価格税制を基礎とした国際税務の枠組みでは対応しきれなくなってきています。

これらに対応することを目的としたＢＥＰＳにおいては、さまざまな議論がなされており、あるものはこれまでの二国間租税条約の枠組みを超えた対応を要するものであり、他ではこれまでの二国間租税条約に関連し、その修正を必要とするものもあります。

ここで、仮にこれまでの二国間租税条約の修正を要するものだけをとったとしても、これまでのおよそ１００年にわたる国際税務の枠組みにおいて締結されてきた３０００超といわれる各国の租税条約を１つずつ改正するためには途方に暮れるような時間を要するだけでなく、その改正を待たずに世界の形はまた全く異なったものとなっていることが想像されます。

したがって、二国間条約の改正１つを取ってみても、これまでの枠組みにはない新たな対応を必要とするものといえ、行動計画15においては、このような問題に対して議論がなされています。

行動計画15は、二国間租税条約にかかるBEPS対応策を具現化するために、多国間協定を開発し、導入することを目的とした取り組みです。

▽経緯

行動計画15では、2014年9月16日に第一次提言である「二国間租税条約改正のための多国間協定の開発」が公表され、その後も継続して議論が重ねられ、2015年10月5日に最終報告書が取りまとめられ、ここでは、前回の提言の内容をほぼ踏襲した形で多国間協定への署名参加に向けた具体的プロジェクトの進め方が示されました。

さらに、2016年5月末に具体的な多国間協定にかかわるディスカッションドラフトが公表され、その後、パブリックコメントおよびパブリックコンサルテーションを経て、2016年11月24日に「BEPSを防止するための租税条約関連措置を実施するための多国間協定」とその説明文書が公表されることとなりました。

2017年に入り、当該協定に対する各国の参加が募られ、6月7日（日本時間6月8日）、パリにおいて、76か国・地域（当初の多国間協定の策定にあたっては103か国・地域が開発グループとして参加）が出席して開催された「BEPSを防止するための租税条約関連措置を実施するための多数国間条約」（BEPS防止措置実施条約）の署名式が開催され、わが国も署名しました。

▽条約の内容

ＢＥＰＳ防止措置実施条約は、その他の行動計画により提言されている内容を具体的に導入するための手法を提供するものであり、それ自体で何らかの税務上の問題に対応することを目的とするものではありません。

本条約においては、具体的に、他の行動計画に示されている内容が租税条約との関連において、次のような構成で反映されています。

Ｐａｒｔ Ⅰ　第１条から第２条　適用と用語解説（行動計画15）
Ｐａｒｔ Ⅱ　第３条から第５条　ハイブリッド・ミスマッチ（行動計画２）
Ｐａｒｔ Ⅲ　第６条から第11条　条約濫用（行動計画６）
Ｐａｒｔ Ⅳ　第12条から第15条　恒久的施設認定回避（行動計画７）
Ｐａｒｔ Ⅴ　第16条から第17条　紛争解決の改善（行動計画14）
Ｐａｒｔ Ⅵ　第18条から第26条　仲裁（行動計画14）
Ｐａｒｔ Ⅶ　第27条から第39条　最終規定（行動計画15）

ここでは、従来から存在する二国間租税条約を基礎として、各国は自ら選択した条項について、その基礎となる二国間租税条約の内容を修正して適用するといった形態が採用されています。

したがって、その選択の内容は各国ごとに異なるものといえ、最終的な適用段階では、極めて複雑な適用関係となることも予想され、具体的な運用状況が見えてくるまでにはまだ一定の時間を要するものともいえるでしょう。

▽BEPS防止措置の選択と適用

本条約の各締約国は、本条約のBEPS防止措置の規定のいずれを既存の租税条約について適用するかを所定の要件の下で選択することができます。

本条約のBEPS防止措置の規定は、原則として、各租税条約の双方またはすべての締約国がその規定を適用することを選択した場合だけ、その租税条約について適用され、各租税条約のいずれかの締約国がその規定を適用することを選択しない場合には、その規定はその租税条約については適用されません。

なお、本条約の各締約国が適用することを選択した本条約の規定は、原則として、本条約の適用対象となるすべての租税条約について適用され、特定の租税条約についてのみ適用すること、または適用しないことを選択することはできません。

本条約のBEPS防止措置の規定が既存の租税条約について適用される場合には、本条約の規定が、既存の租税条約に規定されている同様の規定に代わって、または既存の租税条約に同様の規定がない場合にはその租税条約の規定に加えて、適用されます。

ＢＥＰＳ防止措置実施条約のイメージ図

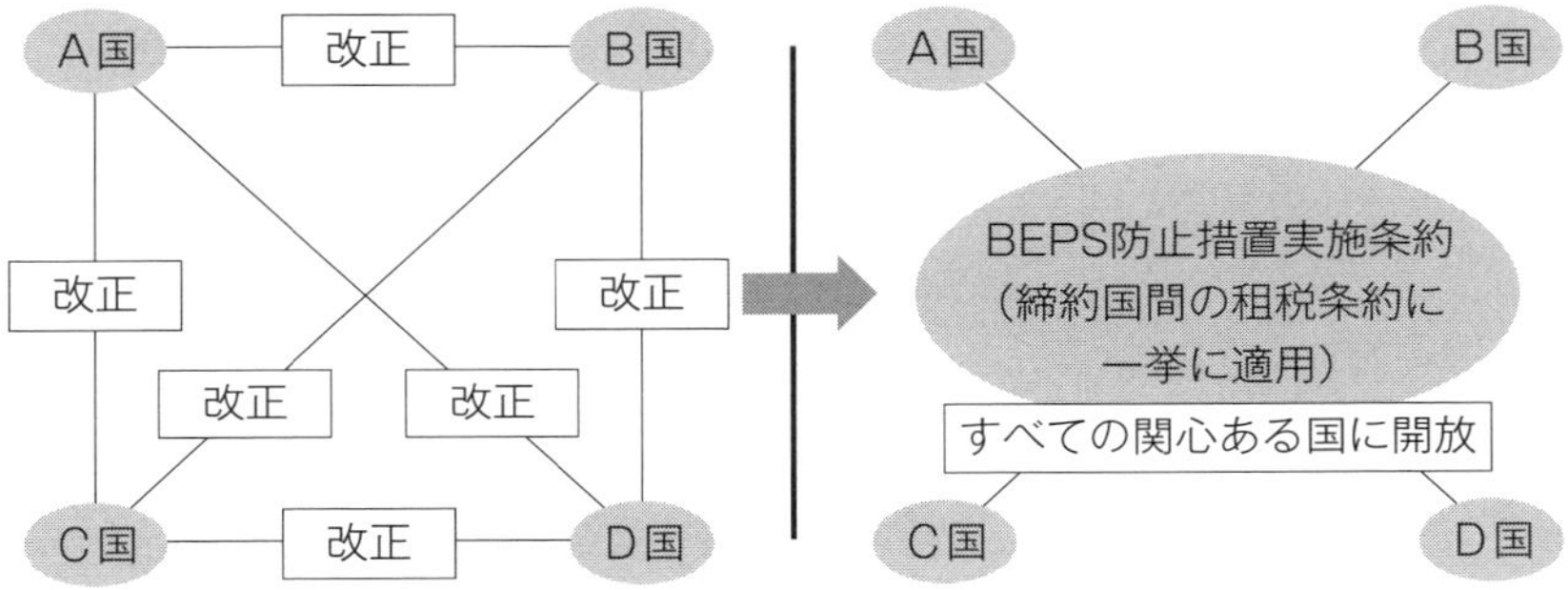

（出典：財務省ホームページ）

▽選択の通告

本条約の各締約国は、①既存の租税条約のうち本条約の適用対象とするものの一覧、②本条約に規定する租税条約に関連するＢＥＰＳ防止措置の規定のうち適用することを選択するものの一覧を、署名時または批准・受諾・承認の時に寄託者（ＯＥＣＤ事務総長）に通告しなければならず、署名時に通告しない場合には、これらの暫定の一覧を署名時に提出しなければなりません。

寄託者は、各締約国からの通告等を公表することとされています。

▽本条約の署名国

２０１７年６月７日にパリで開催された署名式において本条約に署名または署名の意思を表明した国・地域は次の76か国・地域（香港を加えた場合には77か国・地域）です。

アイスランド　アイルランド　アルゼンチン　アルメニア
アンドラ　イスラエル　イタリア　インド

インドネシア	ウルグアイ	英国	エストニア	エジプト	オーストラリア
オーストリア	オランダ	カメルーン	ガーンジー	カナダ	ガボン
韓国	キプロス	ギリシャ	クウェート	クロアチア	コスタリカ
コートジボワール	コロンビア	サンマリノ	ジャージー	ジャマイカ	ジョージア
シンガポール	スイス	スウェーデン	スペイン	スロバキア	スロベニア
セーシェル	セネガル	セルビア	チェコ	中国	チュニジア
チリ	デンマーク	ドイツ	トルコ	ナイジェリア	日本
ニュージーランド	ノルウェー	パキスタン	パナマ	ハンガリー	フィジー
フィンランド	フランス	ブルガリア	ブルキナファソ	ベルギー	ポーランド
ポルトガル	マルタ	マン島	南アフリカ	メキシコ	モナコ
モーリシャス	ラトビア	リトアニア	リヒテンシュタイン	ルクセンブルク	ルーマニア
レバノン	ロシア				

▽日本の選択

日本は、現時点において、次の35か国・地域を本条約の適用対象として選択しています。

アイルランド	イスラエル	イタリア	インド	インドネシア	英国
オーストラリア	オランダ	カナダ	韓国	クウェート	サウジアラビア
シンガポール	スウェーデン	スロバキア	チェコ	中国	ドイツ

トルコ　　　　ニュージーランド　ノルウェー　パキスタン　ハンガリー　フィジー
フィンランド　フランス　ブルガリア　ポーランド　ポルトガル　香港
マレーシア　南アフリカ　メキシコ　ルーマニア　ルクセンブルク

これらのうち、サウジアラビア、マレーシアについては、現時点においてはまだ本条約に署名を行っていません。

なお、本条約の規定のうち、次のようなものの適用を選択しています。

PartⅡ　ハイブリッドミスマッチ（行動計画2）

① 課税上存在しない団体を通じて取得される所得に対する条約適用に関する規定（第3条）
② 双方居住者に該当する団体の居住地国の決定に関する規定（第4条）

PartⅢ　条約濫用（行動計画6）

③ 租税条約の目的に関する前文の文言に関する規定（第6条）
④ 取引の主たる目的に基づく条約の特典の否認に関する規定（第7条）
⑤ 主に不動産から価値が構成される株式等の譲渡収益に対する課税に関する規定（第9条）
⑥ 第三国内にある恒久的施設に帰属する利得に対する特典の制限に関する規定（第10条）

PartⅣ　恒久的施設認定回避（行動計画7）

⑦ コミッショネア契約を通じた恒久的施設の地位の人為的な回避に関する規定（第12条）
⑧ 特定活動の除外を利用した恒久的施設の地位の人為的な回避に関する規定（第13条）

PartⅤ　紛争解決の改善（行動計画14）

⑨　相互協議手続の改善に関する規定（第16条）

⑩　移転価格課税への対応的調整に関する規定（第17条）

PartⅥ　紛争解決の改善（行動計画14）

⑪　義務的かつ拘束力を有する仲裁に関する規定（PartⅥ）

また、本条約の規定のうち、次のものの不適用を選択しています。

PartⅡ　ハイブリッドミスマッチ（行動計画2）

①　二重課税除去のための所得免除方式の適用の制限に関する規定（第5条）

PartⅢ　条約濫用（行動計画6）

②　特典を受けることができる者を適格者等に制限する規定（第7条）

③　配当を移転する取引に対する軽減税率の適用の制限に関する規定（第8条）

④　自国の居住者に対する課税権の制限に関する規定（第11条）

PartⅣ　恒久的施設認定回避（行動計画7）

⑤　契約の分割による恒久的施設の地位の人為的な回避に関する規定（第14条）

行動計画の区分からBEPSを見てみると？

最後に、これらの15項目にわたるBEPS行動計画を、すでに述べたかもしれませんが、さまざまな国際税務にかかわる観点から捉えてみたいと思います。

▽狭義の移転価格税制の観点から

狭義の移転価格税制が対象としている問題とは、財貨またはサービスの取引価格を通じた課税所得の国外移転であり、移転価格問題にかかわる対応の指針となるOECD Transfer pricing guideline（移転価格税制ガイドライン）においても、まさに取引価格を判断の基礎となるArm's length principle（独立企業間取引原則）をその基準としています。

これらの取引価格を基準とする考え方は、財貨またはサービスという外部の者にとっても認識することができるという意味で、比較的わかりやすく、ある意味では伝統的なものといえるでしょう。

さらに、時代の進展とともに、伝統的な財貨またはサービス取引以外の、目に見えないグループ間での無形資産・リスクにかかわる要素を取引価格に反映する割合が高まってきているものとなっています。

このようにその重点となる箇所が異なってきたとしても、今日においてもこの多国籍企業グループ内の移転価格問題への対応の必要性について何ら変わってはいません。

そこで、ＢＥＰＳにおいては、従来からのTransfer pricing guidelineを更新する形で、これらの問題に対応しています。

具体的には、近年の関連企業間の移転価格税制にかかる議論を引き継ぎ、行動計画８において、無形資産により稼得された利益のグループ企業間での不合理な配分については、税源浸食と利益移転を生むものとして、ＢＥＰＳの観点から無形資産の取り扱いを考える必要があるものとしています。

また、行動計画９においては、独立企業間取引原則におけるリスクの取り扱いについて、行動計画10においては、従前の狭義の移転価格税制（関連企業間取引税制）においては十分に対応することが難しかった低付加価値グループ内役務提供、コモディティ取引、取引単位利益分割法等について議論がなされています。

さらに、行動計画13においては、国別報告書といった、今までの移転価格税制とは少し異なる概念が導入されています。

▽ Transfer pricing guideline

これらの内容を総合して、従前のＯＥＣＤによるTransfer pricing guidelineの次の部分について、ＢＥＰＳに基づく更新がなされています。

☑第1章　独立企業原則　D．独立企業原則の適用のための指針

行動計画8と行動計画9の内容に対応し、独立企業原則について、無形資産の利用およびリスクの負担について、形式的観点ではなく、グループ内における重要な機能の実施、経済的に重要なリスクの管理、資産への貢献について、実質的の取引内容が適切な反映される形で、適切に報酬を分配するという観点から補足がなされています。

☑第2章　移転価格算定方法　パラグラフ2．10．

行動計画8の内容に対応し、移転価格算定にかかわる経験則の利用は適切な機能および比較分析の代替とはならない旨の内容が補足されています。

☑第2章　移転価格算定方法　パラグラフ2．16．以降

行動計画10の内容に対応し、コモディティ取引について、市場参考価格の使用が独立価格比準法に属するものであるとともに、その使用についての一定の条件等について説明がなされています。

☑第5章　文書化

行動計画13の内容に対応し、3層構造アプローチによる同時文書作成にかかわる内容が記載されています。

☑第6章　無形資産にかかる特別な考慮

行動計画13の内容に対応し、移転価格における無形資産の重要性を考慮し、無形資産の認識、価値の形成にかかわる貢献、評価の難しい無形資産についての取り扱い等についての補足がなされています。

☑第7章　グループ内取引にかかる特別な考慮

行動計画10の内容に対応し、低付加価値グループ内役務提供という概念およびその取扱いについて補足がなされています。

☑第8章　コスト・コントリビューション・アレンジメント

行動計画8の内容に対応し、グループ全体での無形資産の開発および形成過程において、密接に関連することの多い費用分担取極（Cost Contribution Arrangements：CCA）について補足がなされています。

▽租税条約関連

これまでにみてきたとおり、ＢＥＰＳとは、これまでの国際税務の枠組みに転換をもたらす国際税務における新しい流れの基礎をなすものといえます。

しかし、これにより租税条約の意義が薄れていくということではありません。むしろ、そもそも税制自体がそれぞれの国家または地域固有の主権に基づくものである以上、国際間の取決めにあたっては条約により行う以外にないこと、加えて、国際化の一層の進展を考え合わせた場合には、その意義はより一層高まってきているといえるでしょう。

したがって、BEPSにおいても、決して、租税条約がなくなるというものではなく、これまでの内容が修正・補足されるとともに、多国間協定や、情報交換協定、行政執行共助条約といった具合にますますその目的に合わせて多様化されていくものといえます。

また、BEPSにおける、従来からの二国租税条約の修正や補足は、主に二重非課税排除という課税権の主張（確保）を志向したものとなります。

まず、租税条約との関係性が最も深いのは、租税条約の効率的な修正を目的とした行動計画15＝BEPS防止措置実施条約があげられます。ここでは、BEPS対応に際して、従来の二国間租税条約の改正が必要となる箇所がすべてまとめられた多国間条約となっています。

さらに、課税権の強化を目的としたものとして、行動計画6において租税条約の本来の趣旨に反した濫用への対応が示されており、より個別分野における修正として、行動計画2におけるハイブリッド・ミスマッチの回避、行動計画7における恒久的施設認定回避への対応があげられます。また、行動計画14において租税条約に記載される相互協議の効率化を目的とした紛争メカニズムの効率化が示されています。

▽**消費税関連**

行動計画1においては、電子サービス取引という範囲を前提としつつも、これまで国際税務の場では議論されることの少なかった消費税についての議論がなされています。

ここでは、電子サービス取引という性質に基づき、取引がどこで発生しているのかを個別に把握することが難しいことから、一律に役務受領者の地域において課税を行う仕向地主義、または一律に役務提供者の地域において課税を行う原産地主義に基づく課税方式が各国ごとでまちまちに採用されているのが現状となっています。

行動計画1では、前者においては、現在日本で採用されているような事業者に対する役務についてはリバースチャージ方式、また、最終消費者に対する役務については、海外役務提供者の登録制度が推奨されています。

また、後者においては、役務提供者所在地において課税し、その後、国外に所在する最終消費者以外の役務受領者については、役務提供者所在地国に対して負担した消費税の還付申請をするという方法が検討されていますが、この方法は、役務提供者所在地課税当局および役務受領者に対して、相当の事務負担や不安定性をもたらすものといわれる一方で、課税漏れを排除する観点からは簡便かつ有効な方法であることから、現状においてはより多くの国において採用されているものです。

さらに、このような税制を採用している国では、実務的な負担を軽減する目的で、一般に最終消費者以外の事業者が利用することが多いと考えられる役務（例えば、広告、コンサルティング等）については、輸出免税を適用するものとしている場合もあります。しかしながら、最終的に、役務提供者はより有利な税制を有する地域に移動することにより、税制を利用した不合理な競争を生む可能性があるものとしての問題も指摘されています。

▽課税当局に対する指針

行動計画５「透明性や実体の考慮による有害税制への効果的対抗」や行動計画14「紛争解決メカニズムの効率化」は、一義的には、課税主体（当局）側にかかわる指針を示したものであるものの、これを通して最終的には納税者側の負担を軽減することを目的としたものといえるでしょう。

▽日本国内取引だけを行っている企業なので影響はない？

ＢＥＰＳの背景には、企業の多くが調達・生産・販売・管理等の拠点を国際的に展開し、電子商取引も急増するなど、社会がグローバル化およびボーダレス化する中で、一方では、国家や地域は課税権の国家主権の内従的属性という性質に縛られ、税制の策定において自国内の要素のみに注意を払わざるを得なかったという状況があるといえるでしょう。

このような両者の本質的、制度的な観点のズレにより発生する国際的な税制の隙間や抜け穴が租税回避目的により利用されることとなり、これを回避するために始まったものがＢＥＰＳプロジェクトであるといえます。

したがって、BEPSプロジェクトの本質とは、今後、それぞれの国家が、自国内の経済活動だけではなく、国際的な課税漏れの排除についても、これまで以上に普遍的な注意を払いながら、自国の税制の策定や維持にあたっていくことが求められようとしているものといえるでしょう。

この意味でBEPSとは、まさに従来の国際税務の枠組みについて転換をもたらし、今後の新しい流れの基礎をなすものといえるでしょう。

国際取引を行わない企業にとっても、とりあえずはBEPSによる影響を受けることはないかもしれませんが、今後、各国の税制が納税者の国際的な活動を絶えず念頭に置きながら策定されていくことを踏まえた場合には、間接的に多くの影響を受けるものともいえるでしょう。

具体的には、例えば、行動計画5における有害税制への効果的対応において議論されている知的財産税制の判断基準については、従来ならば国内税制として自国の産業発展だけを念頭に置いて議論検討がなされていたものが、今後は、国際的に与える影響をみながらその制度を策定や運用していかなければならないものとされており、これらの優遇税制の適用を受ける企業は必ずしも外国企業だけではなく、国内取引だけに従事している企業であったとしても今後はその影響を受けることになるといえるでしょう。

また、行動計画12におけるタックス・プランニングの開示義務については、ＢＥＰＳの議論において重点を置くべきは国内取引であったとしても、制度の策定においては国内取引と国際取引を区分する意義も必要性もないといえ、タックス・プランニングの開示義務については国内取引も当然その範囲として含まれることになるといえるでしょう。

さらには、そもそも今日のように極度に国際化・ボーダレス化した経済社会においては、たとえ国内取引だけであったとしても、取引の相手方が多国籍企業グループの日本子会社であったり、顧客が外国企業であったりする場合も珍しいことではないといえ、この場合にはＢＥＰＳへの対応によって、彼ら自身の税負担関係、事務手続きが変化し、これに伴い一定の取引条件の変更が求められたり、あるいは価格、手続きが変化したりする可能性も十分に考えられます。

日本におけるデジタルコンテンツに対する課税におけるリバースチャージ方式の採用は、まさにこの一例にあたるものと考えられます。

このように、ＢＥＰＳの内容は、単に国際取引または国内取引という課税対象の区分に重点を置くものではなく、国際税務という特定の領域を超えた、税制自体の考え方の転換、すなわち国際的観点（現時点においては、とりわけ課税漏れの回避や価値創造の場と課税場所の一致）を不可欠な要素として取り入れていくこと、と捉えることが正しいものといえるでしょう。

したがって、今後の国際化・ボーダレス化のますますの進展に合わせて、より多くの国際的要素の考慮に基づく税制の改正または策定がなされることになっていくものと想像され、これらに対応して、

ＢＥＰＳという考え方も変化していくことが予想され、さらに、これらの中には、国際取引だけでなく国内取引も含めた税制に大きな影響を与えるものも多くなっていくことになるかもしれません。

▽個人にも影響？

ＢＥＰＳとは多国籍企業による国際的な税制の隙間や抜け穴を利用した租税回避行為への対応を目的とするものであり、この意味では、一義的に個人に対して直接の影響を与えるものではないといえるかもしれません。

ただ、一方でＢＥＰＳへの対応において示されている内容は、とりわけ企業と個人を区分しているわけではなく、基本的に双方に同様に適用されるものといえ、例えば個人であったとしても国際的なアレンジメントの利用による租税回避を行っている場合には、全く同様に取り扱いがなされるものといえます。

ただし、現実的には、ハイブリッド・ミスマッチやトリーティーショッピングといった手法を利用した租税回避を行うには、世界各地に拠点を有し、専門の国際税務に特化した人材を擁することのできる巨大な多国籍企業でなければ難しいものといえ、結果的には、ＢＥＰＳ対応の主な対象は多国籍企業となることには違いありません。

しかし、例えば、ＢＥＰＳ行動計画１における国際取引にかかる消費税課税については、Ｂ２Ｃ取引もその対象となっており、ここでは、ビジネスを行っている個人だけではなく、消費者としての個人についてもその影響を受けることといえます。
また、ＢＥＰＳ行動計画12におけるアグレッシブ・タックス・プランニング開示義務制度については、国際共有の仕組みとしてＪＩＴＳＩＣ（Joint International Tax Shelter Information Center：国際タックスシェルター情報センター）が推奨されていますが、この組織は、国際的租税回避スキームや富裕層に関連した情報交換要請への対応や調査手法等の知見を共有する組織であり、企業だけでなく、とりわけHyper Net Worth Individualと呼ばれる富裕層個人に対しても、今後、開示要請は情報共有の対象となっていくものと予想されています。

このように、一見すると、巨大な多国籍企業をその対象としているＢＥＰＳですが、そのアプローチが国際的かつ包括的であることから、その直接、間接を問わず、個人が影響を受けることも多いものといえるでしょう。

◉**著者紹介**

望月　一央（もちづき　かずひさ）

日本公認会計士（公認会計士東京会租税第２委員会委員）
ワシントン・セントルイス大学MBA
IBFD Japan Chapter Author

1990年代より、25年以上にわたり中国上海を拠点として、日本、ヨーロッパおよびアジアの企業に対して、監査、税務、移転価格、リストラクチュアリング、M&Aアドバイザリー関連サービスを提供しています。

2013年に80年の歴史を有するフランス系国際会計事務所MAZARSに日本人初のグローバルパートナーとして参画し、各国における日系企業業務の統括に奮闘中。

MAZARSは、世界数79か国、１万8,000人のスタッフを有するワンファーム型の国際会計事務所として、ワンファームならではの緊密な連携により、世界各国を股にかけ、複合的なサービスを提供させていただいています。

BEPS《ベップス》

▩動き出した国際税務基準

2017年９月15日　第１版第１刷発行

著　者　望　月　一　央
発行者　山　本　継
発行所　㈱中央経済社
発売元　㈱中央経済グループパブリッシング

〒101-0051　東京都千代田区神田神保町1-31-2
電 話 03（3293）3371（編集代表）
03（3293）3381（営業代表）
http://www.chuokeizai.co.jp/

印　刷／㈱堀内印刷所
製　本／㈲井上製本所

ISBN978-4-502-24161-1　C3034

信頼の税務年度版ラインナップ

会計全書（平成29年度）

金子宏・斎藤静樹監修

「一億総活躍社会」実現のために、「働き方改革」を主軸とした29年度税制改正を網羅。税務法規編の文字が大きく読みやすく。

税務経理ハンドブック（平成29年度版）

日本税理士会連合会編

主要な国税・地方税の法令・通達を項目ごとに整理。平成29年度改正を織り込んだ最新版。

法人税重要計算ハンドブック

日本税理士会連合会編　中村慈美　他著　（平成29年度版）

重要な項目や難解な規定について制度の内容と計算の要点をズバリ解説。法人の消費税も掲載。

所得税重要計算ハンドブック

日本税理士会連合会編　藤田良一著　（平成29年度版）

所得税の税額計算の仕組みと要点を計算例でわかりやすく解説。個人事業者の消費税も掲載。

相続税重要計算ハンドブック

日本税理士会連合会編　武藤健造著　（平成29年度版）

具体的な計算例で相続税・贈与税の課税の仕組みが理解できるように構成。事業承継税制も掲載。

税理士必携　速算表・要約表でみる税務ガイド（平成29年度版）

日本税理士会連合会編・鈴木修著

税理士業務で必須な各税目の税率・数字・要件等を厳選し、速算表・要約表の形で見やすく収録。

●中央経済社●